CLAUDIO ROBERTO FIORE

O SEQUESTRO DO CIRCULAR SUL

MAIS UM MEIO DE DIVULGAÇÃO DO HOLOCAUSTO

Editora Appris Ltda.
1.ª Edição - Copyright© 2023 do autor
Direitos de Edição Reservados à Editora Appris Ltda.

Nenhuma parte desta obra poderá ser utilizada indevidamente, sem estar de acordo com a Lei nº 9.610/98. Se incorreções forem encontradas, serão de exclusiva responsabilidade de seus organizadores. Foi realizado o Depósito Legal na Fundação Biblioteca Nacional, de acordo com as Leis nos 10.994, de 14/12/2004, e 12.192, de 14/01/2010.

Catalogação na Fonte
Elaborado por: Josefina A. S. Guedes
Bibliotecária CRB 9/870

F518s
2023
	Fiore, Claudio Roberto
	   O Sequestro da Circular Sul : mais um meio de divulgação do Holocausto / Claudio Roberto Fiore. – 1. ed. – Curitiba : Appris, 2023.
	    278 p. 23 cm.
	
	   ISBN 978-65-250-3780-6
	
	   1. Ficção brasileira. 2. Guerra Mundial, 1939-1945. 2. Sequestro – Curitiba. 3. Holocausto. I. Título.
	
	                                                               CDD – 869.3

Appris
editora

Editora e Livraria Appris Ltda.
Av. Manoel Ribas, 2265 – Mercês
Curitiba/PR – CEP: 80810-002
Tel. (41) 3156-4731
www.editoraappris.com.br

Printed in Brazil
Impresso no Brasil

CLAUDIO ROBERTO FIORE

O SEQUESTRO DO CIRCULAR SUL

MAIS UM MEIO DE DIVULGAÇÃO DO HOLOCAUSTO

Appris
editora

FICHA TÉCNICA

EDITORIAL	Augusto V. de A. Coelho
	Sara C. de Andrade Coelho
COMITÊ EDITORIAL	Marli Caetano
	Andréa Barbosa Gouveia - UFPR
	Edmeire C. Pereira - UFPR
	Iraneide da Silva - UFC
	Jacques de Lima Ferreira - UP
SUPERVISOR DA PRODUÇÃO	Renata Cristina Lopes Miccelli
ASSESSORIA EDITORIAL	Nathalia Almeida
REVISÃO	Monalisa Morais Gobetti
PRODUÇÃO EDITORIAL	Raquel Fuchs
DIAGRAMAÇÃO	Yaidiris Torres
CAPA	Daniela Baumguertner

*Bem-vindos,
Os que vêm,
Em nome do
Senhor...*

Hosana nas Alturas.

*Com amor, à minha filha Lilian,
Uma das maravilhas do mundo...*

AGRADECIMENTOS

Quero expressar meus sinceros agradecimentos a todos que pacientemente me forneceram informações e dados indispensáveis para a realização deste livro, que não se trata apenas de um simples romance, e, sim, de uma extensa obra que engloba parte da 2ª Guerra mundial e o sistema de transporte de Curitiba.

Como foi preciso pesquisar em dezenas de fontes, peço desculpas a algumas pessoas por não terem seus nomes citados na lista a seguir e deixo claro que sem seus valiosos conhecimentos técnicos a obra não seria a mesma e a história não seria tão empolgante como é.

Adriano dos Santos – central de Informatização;

Nilson Komatsu Domingues – pesquisador;

Sandra Melo – centro de controle de informações;

Bradock – ex-policial militar – atual supervisor da SPB;

Odair Franckurt – Consulado Alemão;

Carlos Heitor – Consulado Americano (EUA);

Iuriel – superintendente da Polícia Federal de Curitiba;

Canísio Miguel Morch – Biblioteca Pública do Paraná;

Everton e Yeda – psicólogo e pedagoga, por todo o apoio e por terem acreditado em mim;

Ana Paula Alves – psicóloga e anjo da guarda, pelo retorno do meu quinto passo e por me ensinar a valorizar os meus potenciais;

Priscila Baudisch – hipnoterapeuta, por me ajudar a encontrar um novo caminho por meio das regressões e me mostrar que cada ser humano tem um diamante dentro de si.

Marcio Calbente – coordenador-geral e fundador da Nova Jornada em SJP, por me acolher no momento em que eu mais precisava.

À comunidade terapêutica Nova Jornada e a toda sua equipe.

Em especial, à minha mãe, Maria Rosa Fiore (escritora e compositora), por partilhar comigo suas ideias e suas valiosas sugestões.

APRESENTAÇÃO

Prezado leitor, é um prazer enorme estar publicando este livro, vinte anos após ter iniciado este projeto com a intenção de passar uma mensagem adiante. No decorrer desse tempo, conclui várias outras obras, entre elas romances, contos, poesias e filosofias.

Nasci em Loanda, norte do Paraná, no dia 25 de julho de 1974, escrevi meu primeiro livro aos oito anos de idade, após assistir a um filme sobre o naufrágio de um navio, desde então não parei mais de escrever.

Não tive condições de ingressar em uma faculdade, porém sempre fui apaixonado por livros e acabei estudando filosofia por conta própria. Nascido em uma família humilde, fiquei órfão de meu pai antes mesmo de completar um ano de vida e na adolescência comecei a trabalhar logo cedo para ajudar no sustento da casa.

Por acaso, há algum tempo descobri que 25 de julho é comemorado o dia do escritor, só então me dei conta do porquê de gostar tanto de escrever e decidi começar a publicar as minhas obras. Acredito que nada acontece por acaso e que para tudo sempre existe um propósito. Hoje, com formação internacional de Acompanhante Terapêutico em TUS e outros cursos do mesmo seguimento, como legislação de comunidades terapêuticas no Brasil, atuo na área da dependência química como conselheiro terapêutico, ajudando pessoas com palavras, conselhos e ouvidos sinceros.

Espero que possam se deliciar com cada palavra escrita com muito amor, carinho e dedicação.

PREFÁCIO

Neste livro, o escritor e roteirista Cláudio Fiore conta-nos sobre um sequestro que acontece num biarticulado, meio de transporte mais corriqueiro na capital paranaense. Um acontecimento ligado ao terrorismo, que perpassa por fatos que marcaram a história mundial fazendo com que o leitor consiga fazer um *link* entre o passado e a presente história que está sendo lida, ou seja, a relação existente entre as partes nesta narração. O que originou o título do livro: *O Sequestro do Circular Sul*.

A fusão que o autor faz entre ficção e realidade traz fatos e acontecimentos históricos, a presença de Adolf Hitler e Getúlio Vargas, chefes de Estados, que influenciaram, com seus pensamentos e ações, muitas atitudes revolucionárias, torna este livro uma leitura ainda mais dinâmica e envolvente.

Um romance vivido e retratado que terá um desfecho inesperado para a rotina da população que vive nessa cidade.

Experiência, entusiasmo e superação são características encontradas nesta e em outras obras deste autor, descrevendo os personagens e as ações com riqueza de detalhes, dando ao leitor maiores condições de imaginar cada fato descrito.

Um convite à leitura, sem dúvidas! Com base na interação da leitura desta e de outras obras escritas pelo autor, deixo evidenciada aqui minha indicação para este livro.

Prof.ª Elen Borges

Especialista em Psicopedagogia Institucional, Educação Especial, Extensão em Docência Superior e formada em Pedagogia.

SUMÁRIO

SOBRE A OBRA 17
AO LEITOR 19
NOTA DO AUTOR 21

PARTE 1

INTERDITAR A MISSÃO G-7 23

PARTE 2

BASEADO EM FATOS REAIS 31
CAPÍTULO 1 32
CAPÍTULO 2 38
CAPÍTULO 3 44
CAPÍTULO 4 51
CAPÍTULO 5 53
CAPÍTULO 6 58
CAPÍTULO 7 60
CAPÍTULO 8 65
CAPÍTULO 9 68
CAPÍTULO 10 70

PARTE 3

CAPÍTULO 11 74
CAPÍTULO 12 75
CAPÍTULO 13 80
CAPÍTULO 14 84
CAPÍTULO 15 87
CAPÍTULO 16 90
CAPÍTULO 17 93
CAPÍTULO 18 95
CAPÍTULO 19 101
CAPÍTULO 20 104
CAPÍTULO 21 106
CAPÍTULO 22 113
CAPÍTULO 23 119

CAPÍTULO 24 123
CAPÍTULO 25 126
CAPÍTULO 26 135
CAPÍTULO 27 140
CAPÍTULO 28 144
CAPÍTULO 29 146

PARTE 4

CAPÍTULO 30 150
CAPÍTULO 31 153
CAPÍTULO 32 155
CAPÍTULO 33 157
CAPÍTULO 34 158
CAPÍTULO 35 162
CAPÍTULO 36 165
CAPÍTULO 37 166
CAPÍTULO 38 168
CAPÍTULO 39 169
CAPÍTULO 40 172
CAPÍTULO 41 174
CAPÍTULO 42 178
CAPÍTULO 43 179
CAPÍTULO 44 180
CAPÍTULO 45 181
CAPÍTULO 46 182
CAPÍTULO 47 184
CAPÍTULO 48 186
CAPÍTULO 49 188

PARTE 5

O SEQUESTRO 189
CAPÍTULO 50 190
CAPÍTULO 51 191
CAPÍTULO 52 192
CAPÍTULO 53 194
CAPÍTULO 54 196
CAPÍTULO 55 197
CAPÍTULO 56 198

CAPÍTULO 57 201
CAPÍTULO 58 204
CAPÍTULO 59 205
CAPÍTULO 60 208
CAPÍTULO 61 210
CAPÍTULO 62 213
CAPÍTULO 63 217
CAPÍTULO 64 221
CAPÍTULO 65 224
CAPÍTULO 66 226
CAPÍTULO 67 227
CAPÍTULO 68 228
CAPÍTULO 69 231
CAPÍTULO 70 234
CAPÍTULO 71 238
CAPÍTULO 72 239
CAPÍTULO 73 241
CAPÍTULO 74 242
CAPÍTULO 75 243
CAPÍTULO 76 244
CAPÍTULO 77 245
CAPÍTULO 78 247
CAPÍTULO 79 248
CAPÍTULO 80 250
CAPÍTULO 81 252
CAPÍTULO 82 253
CAPÍTULO 83 255
CAPÍTULO 84 258
CAPÍTULO 85 260
CAPÍTULO 86 264
CAPÍTULO 87 265
CAPÍTULO 88 266
CAPÍTULO 89 268

HISTÓRICO 271

OUTRAS OBRAS DO AUTOR 277

SOBRE A OBRA

O sequestro do Circular Sul é um livro empolgante, com romance, drama e muita ação. A inspiração da história veio em sonho, e a primeira página foi escrita à mão, em novembro de 1999, muito antes do atentado de 11 de setembro de 2001 nos EUA, que lamentavelmente tirou do plano da vida milhares de pessoas.

Devo deixar claro que este livro foi escrito para se transformar em filme. A história se passa em três países e destaca a cidade de Curitiba tanto nos anos 60 como nos anos de 1999, além de destacar o sistema interativo de transporte.

Apesar de se tratar de uma história fictícia, uma parte do conteúdo é baseada em fatos verídicos, como os campos de concentração da Alemanha e as deportações de estrangeiros na década de 40. Devo também esclarecer que sobre Hitler, Getúlio Vargas, e sobre a Alemanha, foi feita uma vasta pesquisa tanto literária como de campo para que fosse possível coincidir datas e até mesmo nome de ruas e cidades. A história não é real, mas os ambientes são autênticos e descritos de forma que o leitor consiga imaginar que realmente se trata de realidade.

É claro que, para se fazer um romance existem certas exigências que não podem ser deixadas de lado, e por isso, o escritor responsabiliza-se por qualquer erro de contratempo ou de espaço que possa existir nas adaptações das informações adquiridas nas pesquisas ou no contexto geral.

O livro, em si, não se trata de uma mensagem sangrenta, tão pouco em momento algum o escritor quis ou teve a intenção de fazer qualquer tipo de apologia ao terrorismo, que considera ante bíblico e anti-humano. É um livro que mostra ficção e realidade, englobando suspense, amor e drama. É uma extensa obra, que desejamos que continue como ficção.

AO LEITOR

A história é fictícia, mas as
Datas e a deportação de
Estrangeiros naquela época são
Fatos que aconteceram.

As prisões, e os campos de
Concentração, como Lichtemburg,
Realmente existiram, e muitas
Pessoas até hoje se lembram
Dos horrores daquele tempo.

É uma longa história,
Na qual ficção e realidade
Misturam-se. Os personagens são
Imaginários, e a linha Circular Sul
Só foi implantada em Curitiba em
Março de 1999.

NOTA DO AUTOR

Para todos os efeitos,
O sequestro passou a ser
Crime hediondo no Brasil
Desde 1990.

Nesta obra, a distância entre
A ficção e a realidade é muito
Curta, e não convém que qualquer
Leitor, em qualquer parte do mundo,
Venha a se inspirar nela,
Para tornar o que chamamos
De ficção, em realidade.

O terrorismo é antibíblico
E anti-humano em toda parte
Do planeta.

PARTE 1
INTERDITAR A MISSÃO G-7

Houston, sul dos Estados Unidos
10 de novembro de 1999
9h55 a.m.

Jimmy, um homem de semblante sério e de atitudes rígidas, de origem alemã, com seus vastos cabelos loiros, cortados na tendência atual, podia se passar por um legítimo americano.

O alemão loiro aguardava inquieto, na esquina da San Juan com a Rockefeller, e nos dez minutos que estava ali, já tinha conferido o relógio mais de dez vezes. Estava impaciente, como se estivesse esperando pelo detalhe mais importante de sua vida.

Às 10h em ponto, como o combinado, surgiu pela rua San Juan o furgão que ele tanto esperava. Dentro do veículo encontrava-se Albert, um figurão americano que trabalhava há 20 anos na NASA como projetista de bombas nucleares. Albert aparentava ter cerca de 35 a 40 anos, e estava suando frio. Seus olhos estavam arregalados e podia se ver as gotas de suor percorrendo-lhe o rosto. O americano apenas disse:

— Vou fazer...

No outro lado da cidade, no interior de uma velha casa de madeira, encontrava-se imóvel em uma cadeira de balanço, a doce e meiga Ketlem. Com apenas seis anos de vida, a garota extravasava sua espertez em tudo o que dizia, sendo nitidamente visível a inteligência que herdara do pai.

Dois homens e uma mulher, fortemente armados, circulavam pela sala, ansiosos por um telefonema e por uma palavra código, olhando pela janela a todo instante. Porém um dos homens parecia não se preocupar. Tinha forte convicção de que tudo sairia como o planejado.

— Vocês não precisam se preocupar. O papai vai fazer tudo certinho. Ele não vai chamar a polícia. Ele não é bobo, pois ele me quer de volta, eu sei! — disse Ketlem, com sua voz doce e suave.

— É melhor que você esteja certa, menina, ou ele nunca mais verá você — disse um deles.

A garota sabia que corria sério perigo. E que talvez seu pai não pudesse fazer o que lhe pediram. Mas Ketlem estava apenas tentando se acalmar. Não era nada fácil para uma criança de sua idade passar por aquele terror, mas seu pai sempre lhe ensinara a não perder o controle da situação em hipótese alguma. Quando pensou que o pior havia passado, o homem voltou a falar:

— E se você não calar a boca, eu a calo por você agora mesmo!

Ketlem engoliu em seco nesse momento, mas apesar de tudo, confiava no pai.

10h15 a.m.

Dentro das instalações da NASA um homem preocupadíssimo olhava o relógio. O ponteiro marcava 10h15, e isso significava que ele tinha apenas 15 minutos para decidir entre as duas alternativas que lhe restavam diante das circunstâncias que o destino repentinamente lhe proporcionara. Uma delas era sabotar a missão G-7, resultado de cinco anos de pesquisas da NASA. E a outra, a mais inconveniente, era deixar a sua filha ser morta pelos sequestradores que a tinham raptado.

Sabotar a missão G-7 significava nada mais, nada menos, que trocar as seis ogivas nucleares, com altíssimo poder de destruição, pelas outras seis que eram falsas, fabricadas por ele mesmo. O projeto era o resultado de anos de pesquisas e também da união de seis importantes países, que atualmente controlam a ONU.

Todo o material deveria partir às 10h30 daquela manhã, diretamente para o espaço, onde certamente poderia explodir sem o perigo de causar maiores danos, ou de cair em mãos erradas.

Não era somente a sua carreira que agora estava em jogo, mas também, de certa forma, o futuro e a paz do mundo, e em meio a tudo isso, estava a vida de sua filha.

O furgão cor de prata surgiu em alta velocidade pela Kennedy. Albert sabia que estava 15 minutos atrasado, e que esses minutos proporcionaram a ele fazer o que talvez se arrependesse, algo que o marcaria para o resto da vida, mas agora não era hora de se deixar levar por esses pensamentos. Tudo estava irremediavelmente feito.

Jimmy aguardava em frente a uma lanchonete. Tinha um celular nas mãos, e quando Albert finalmente parou o furgão em sua frente, o alemão explodiu:

— Você está ficando louco! A sua filha poderia estar morta a essa altura! Por que se atrasou?

Havia um tom nítido de desconfiança em sua voz.

— Tive problemas com o lançamento. E, aliás, você deveria me agradecer por eu ter conseguido a sua mercadoria. Agora liberte a minha filha!

Jimmy entrou no furgão, olhou para trás e, em silêncio, indicou a Albert que ligasse o veículo e seguisse em frente. Em seguida digitou alguns números em seu celular, e disse:

— A Lara está alcançando o seu objetivo — e desligou.

Nesse momento, o rosto de Albert avermelhou-se.

— Ei! Eu quero ver a minha filha! Quero saber como ela está!

— Está ficando maluco? Ainda nem conferimos a mercadoria. Como vou saber se realmente trocou as ogivas? — respondeu Jimmy com voz impaciente.

O furgão estacionou no mesmo instante. Havia pouquíssimo movimento de carros àquela hora, e como estavam em uma rodovia, não havia pedestres. Jimmy entrou na parte traseira do veículo, obrigando Albert a mostrar-lhe o conteúdo das sinistras caixas escuras.

Eram apenas quatro caixas, pequenas o suficiente para caberem em apenas duas malas, Albert mexeu em uma delas, enquanto esclarecia:

— Está vendo? Aqui está o painel de comando. — apontou para a lateral de uma delas — A senha para ativação já está digitada — abriu a tampa superior: havia mais um painel removível — Nas caixas falsas que projetei, não havia conexão entre os dois ativadores, descartando a possibilidade de o material nuclear se misturar com os explosivos, e como pode ver, nessas está tudo ok.

Jimmy olhava e ouvia atentamente.

— É melhor que esteja certo, e muito certo, senhor Albert — afirmou Jimmy, e, aproveitando que Albert estava totalmente de costas para ele, puxou sua pistola 765 e efetuou três disparos certeiros na cabeça do então projetista de bombas da NASA.

Era o fim de Albert.

Em seguida, como se nada tivesse acontecido, o alemão fechou as portas do furgão, pegou novamente o celular, e discou.

Em seguida, ouviu a voz de Verônica:

— Na escuta, prossiga.

— A Lara alcançou o seu objetivo. Podem executá-la.

Ketlem pareceu ouvir a notícia que a moça recebeu pelo telefone, e quando a moça desligou, a menina proclamou:

— Está vendo? Eu não disse que meu pai faria tudo o que vocês pediram a ele? Agora é só me soltarem. Quando vou vê-lo?

Verônica estava de costas, municiando uma pistola alemã, e ao mesmo tempo, ouvindo aquela voz doce e suave. Passou a se perguntar se havia alguma chance de voltar atrás, mas em meio às lembranças amargas que vieram a sua mente, deixou de se questionar.

Conectou o silenciador, virou para um dos homens, e ordenou friamente:

— Faça o que tem que ser feito!

O homem pegou a pistola, franziu a testa, e não disse uma palavra.

Em seguida, Verônica deixou a sala, e lá de fora ouviu os três disparos. E baixinho, para si mesma, murmurou:

— Que Deus nos perdoe!

Era o fim de Ketlem.

Berlim, Alemanha
10 de novembro de 1999
11h30 a.m.

A sala era meio escura, e só havia uma escrivaninha velha e quatro cadeiras em seu interior. Era o terceiro andar do edifício que fora construído há mais de 50 anos, e que fora usado na época do comunismo como comitê de reuniões da frente vermelha, a então conhecida Rot-Front[1] (juventude comunista), mas que agora era só um velho prédio, de grades em todas as janelas, que se encontrava interditado pelo governo alemão. Era mais um que estava na lista dos edifícios que seriam implodidos para em seu lugar, surgir novas construções.

Dos quatro homens que se encontravam ali, um deles estava de frente para a janela, a observar o costumeiro cotidiano das pessoas e dos carros que se movimentavam lá embaixo. Esse homem era Gruguer.

Os outros três estavam sentados, um deles com os pés sobre a escrivaninha, este, era Kirsei, ou melhor, Tom Kirsei.

Quando o telefone tocou, os quatro pares dos olhos se fixaram no aparelho. Tom Kirsei atendeu sem ao menos deixar tocar duas vezes. Disse "alô" em idioma alemão, demonstrando que tinha muita urgência em ouvir o que já esperava por meio daquela ligação. Cinco segundos depois, o alívio desfranziu-lhe o cenho, quando claramente ouviu:

— A Lara alcançou o seu objetivo.

Em seguida desligou o aparelho, olhou seriamente para os três homens que lhe fitavam, e anunciou:

— Conseguimos!

Foi como se aquele telefonema tivesse tirado um peso de cada um deles, e agora sabiam que tinham em seu poder uma arma altamente destrutiva, capaz de causar uma grande catástrofe e que poderiam finalmente realizar o objetivo que há tanto tempo vinham almejando...

A vingança...

---

[1] Rot-fron: aliança dos combatentes da frente vermelha, abreviação RFB, uma organização paramilitar sob a liderança do partido comunista criada na Alemanha em 1.924 por jovens que lutavam contra o fascismo.

PARTE 2

BASEADO EM FATOS REAIS

CAPÍTULO 1

Tudo começou em 1940, quando um grupo de seis jovens militantes, perseguidos pelos soldados de Hitler por lutarem contra o fascismo e o sistema que a Alemanha adotara, resolveram fugir para o Brasil, a fim de se refugiarem da guerra e viverem uma vida pacata, em um país de fácil relacionamento, já que dominavam a língua portuguesa e que a política era socialista, o que lhes poderia garantir a sobrevivência.

Mas por intriga do destino, justamente na época em que a 2ª Guerra Mundial matava milhares de pessoas por dia, a indícios de que o então presidente do Brasil, o senhor Getúlio Vargas, aliou-se a Adolf Hitler, o que resultou em plena recessão política, a deportação de estrangeiros e principalmente judeus vindos daquele país. E a suposta união de poderes chegou a tal ponto de se comentar a existência de campos de concentração no interior do estado de São Paulo, onde seriam mantidos presos todos os acusados de conspiração política e crimes contra o governo.

Os seis militantes desembarcaram no aeroporto de São Paulo, pisando pela primeira vez em solo brasileiro, exatamente no dia 12 de janeiro de 1940. Todos com documentos e passaportes falsos providenciados pela Rot-Front.

São Paulo era a cidade que mais se desenvolvia no país, já era o polo das indústrias e do comércio, crescendo expansivamente, aumentando também a onda de crimes e assaltos.

— Não devemos ficar todos juntos — explicou Domenick enquanto caminhavam.

— Domenick tem razão. Precisamos nos separar em duplas, e cada uma deve partir para uma cidade diferente — houve uma pausa — Se ficarmos juntos, não passaremos de uma semana — enquanto falava, Rudolf Rupert analisava um grande letreiro, que dizia: "Café Paris". Ao lado, estava escrito: "Recém-inaugurado" — Vamos lá, conhecer um pouco desta nova terra.

Escolheram uma mesa de canto, dentro do sutil ambiente que era o Café Paris. Havia muitas pessoas entrando e saindo do local, pois estava sendo testada uma nova máquina de fazer café, raridade até então no Brasil.

Das seis pessoas que estavam naquela mesa, nenhuma conhecia o Brasil, e tudo era completamente diferente da Alemanha, começando pelas ruas, pelos costumes, e pelo próprio modo de viver, e isso para eles, era como conhecer o paraíso; pois acabavam de vir do inferno.

O grupo era composto por duas mulheres: Domenick Sanches e Sheila Guiold. Os homens eram: Rudolf Rupert, Richard Brent Álamo, e os irmãos, Buber Fritz Alambert e Ion Fritz Alambert.

Enquanto tomavam o delicioso café, contavam os seus valores; precisavam passar em uma casa de câmbio para trocar o dinheiro que haviam trazido pela moeda corrente. Sabiam que tinham o suficiente para sobreviverem somente por algum tempo; precisavam conseguir empregos urgentemente para se estabilizarem no novo país.

Após terminarem o café, meia hora depois, já tinham decidido seus destinos. Domenick e Sheila ficariam em São Paulo, e Rudolf Rupert, juntamente com Richard, iriam para o Rio de Janeiro, outra grande cidade do Brasil. Os dois irmãos, Buber e Ion, os Alamberts, seguiriam para o Sul, para a linda capital do Paraná: a cidade de Curitiba.

Ainda que fosse difícil aceitar a ideia da separação, não havia outra alternativa.

Estavam conscientes de que poderiam estarem sendo procurados, e não se arriscariam a ter que voltar ao inferno. Se fossem pegos e extraditados para a Alemanha, certamente seriam exterminados.

Fizeram então um acordo, combinaram um encontro naquele mesmo local um ano mais tarde, para contarem suas aventuras no Brasil. Todos aceitaram plenamente a ideia, pois eram amigos inseparáveis na Alemanha, cresceram e lutaram juntos contra o nazismo, e como sempre, estavam no mesmo barco.

Quarenta e cinco minutos depois de terem entrado no Café Paris, os dois irmãos deixaram o estabelecimento, e foram direto para a rodoviária de São Paulo, passando antes em uma casa de câmbio: em seguida, embarcaram em um ônibus. O destino era a cidade de Curitiba.

— Daqui a um ano, já deveremos estar bem melhor de vida — disse Ion, ao entrarem no ônibus.

— Eu espero que sim — concordou Buber — Eu espero que sim.

Rudolf Rupert e Richard Brent saíram do Café Paris cinco minutos depois de Ion e Buber, e também seguiram para a rodoviária. Pretendiam procurar uma pensão, logo que chegassem ao Rio de Janeiro. Estavam extremamente cansados.

Domenik e Sheila ficaram por mais meia hora no interior daquele ambiente, e aproveitaram para agradecer a Deus por estarem no Brasil. Estavam em um país onde as pessoas podiam caminhar livres pelas ruas, independentemente de serem ou não judeus, protestantes ou comunistas. Certamente que teriam de arrumar algum tipo de emprego, para viverem clandestinamente e não chamarem a atenção, mas isso elas sabiam que conseguiriam.

A cidade de Curitiba era pequena, mas muito atraente. Nessa época iniciava-se a construção da Cidade Industrial, uma área que anos mais tarde se transformaria na principal fonte de geração de empregos da cidade.

Logo que chegaram à capital do Paraná, Buber e Ion alojaram-se no centro da cidade, em uma pequena hospedaria da Rua 15 de novembro, a então conhecida Boca Maldita.

Ion era baixo e loiro, com olhos azuis intrigantes, e de ótima conversa, enquanto Buber era um pouco mais alto, também com cabelos loiros, mas ao contrário do irmão, possuía um par de olhos negros, tão negros que reluziam à luz do sol, ou, quando algo estranho parecia ameaçar-lhe. Também possuía um bom vocabulário, além disso, possuía um elevado Q.I.: na Alemanha, antes da guerra, costumava dar palestras motivacionais e sobre educação mental nas pequenas escolas, mas logo foi impedido pelo regime comunista de expor suas ideias e esse fato serviu apenas para aumentar seu ódio contra o governo Alemão.

Na cidade nova passavam os dias procurando trabalho, até não demorou muito para encontrarem uma ocupação. Três semanas depois já estavam trabalhando em uma lanchonete na Praça Rui Barbosa, área central da cidade.

Não era nada fabuloso, mas não deixava de ser um começo. Agradeceram a sorte por terem encontrado aquele emprego juntos, no mesmo lugar. Ion trabalhava fazendo lanche, e Buber como atendente, e, apesar de tudo, estavam contentes.

Dois meses depois, mudaram-se para um bairro que acabava de ser inaugurado, com o nome de Vila Hauer. Alugaram uma pequena casa próxima à Marechal Floriano Peixoto, avenida que ligava o centro comercial de Curitiba com a vizinha cidade de São José dos Pinhais, onde mais tarde seria construído um bonito aeroporto.

No Rio de Janeiro, Rudolf Rupert e Richard também conseguiram empregos. Um em um açougue e o outro em um supermercado. Eles alugaram uma casa no bairro de Copacabana, zona sul do Rio, e em meio às circunstâncias, não tinham do que se queixar. Até o presente momento não se arrependiam de maneira alguma por terem deixarem a Alemanha. Estavam desfrutando cada momento neste novo país, e decididos a ficar.

Domenick Sanches era alta, loira, decidida e imperativa, dona de um par de olhos azuis provocantes. Possuía um sorriso encantador, não deixando dúvidas de que era realmente uma mulher muito bonita e atraente. Após um mês e 15 dias de seu desembarque em São Paulo, ela conseguiu um emprego em um salão de cabeleireiro de um bairro nobre da cidade, enquanto Sheila Guiold, de estatura um pouco mais baixa era meiga, delicada e persistente, nunca desistia dos seus sonhos. Morena e de olhos verdes, cabelos encaracolados e muito charmosos, conquistou sua vaga em uma loja de cosméticos. Um empreendimento inovador na época, mas que prometia grandes prosperidades.

Moravam no centro da cidade, no segundo andar de um velho edifício de oito andares, sem elevador, mas com o aluguel reduzido sendo o mais barato que conseguiram encontrar.

— Devagarinho a gente deixa isso aqui como nós queremos — animou-se Domenick, assim que chegaram lá.

— Bom! Não é bem a mansão que eu esperava — disse Sheila — Mas está ótimo.

Inevitavelmente o tempo foi se passando, e mesmo com todos os afazeres que possuíam, jamais se esqueceram do acordo que haviam feito no Café Paris. Passavam os dias trabalhando arduamente e as noites fazendo planos para o futuro. Todos queriam progredir no novo país no qual agora residiam, para mais tarde poderem falar para seus filhos das aventuras e da nova vida que escolheram, sem pesadelos, sem perseguições. Esperavam ansiosos pelo dia 12 de janeiro, o dia em que novamente se reencontrariam.

Não demorou para que Sheila Guiold encontrasse um rapaz chamado Eduardo, por quem se apaixonou; o príncipe de Sheila tinha 26 anos e era três anos mais velho que ela. Com seu corpo atlético, e a sua fala doce havia conquistado o coração da morena. Possuía os olhos mais castanhos que ela já vira e era encantador. Para Domenick o único problema do rapaz era ser pobre.

— Que futuro acha que um balconista de farmácia pode oferecer a uma mulher como você, Sheila? — o que Domenick queria saber era se a amiga estava realmente apaixonada.

— Ele é justo e honesto, e essas são qualidades que pode fazer qualquer homem progredir.

— É, e fazer qualquer mulher se apaixonar.... Não é mesmo, Sheila?

Sheila fitou-a por um momento, sorrindo em seguida.

Alguns meses depois, Domenick também conheceu um homem bem mais velho que ela. Seu nome era Marcelo, gerente de vendas de uma companhia de eletrodomésticos. Mas apesar do bom relacionamento, a moça não conseguia se apaixonar por ele: dizia à Sheila que estava somente passando o tempo, e que estava certa de que ainda encontraria o grande amor de sua vida. Só não sabia quando, é claro.

Tudo transcorria bem: os amigos, residindo em cidades diferentes, viviam uma vida pacata. Já tinham algum dinheiro guardado e os planos eram de cada vez mais prosperar: até que em um fatídico dia, faltando apenas dois meses para o dia 12 de janeiro, a Polícia Federal invadiu a residência de número 558, no bairro Vila Hauer, e deu voz de prisão aos irmãos Buber Fritz Alambert e Ion Fritz Alambert.

Foram presos por falsidade ideológica, crimes cometidos contra o governo, ameaça política e social, e também pelos crimes de subversão; o "anarquismo".

Aconteceu exatamente às 6h35. Buber e Ion estavam prontos para ir ao trabalho, mas involuntariamente, foram escoltados diretamente para a sede da Polícia Federal de Curitiba.

No mesmo dia, no Rio de Janeiro, foi preso dentro do açougue em que trabalhava, Richard Brennt Álamo, que, ao ser levado ao carro da polícia, constatou que lá dentro já se encontrava detido Rudolf Rupert. Todos presos pelos mesmos crimes: subversão e falsidade ideológica.

No dia seguinte, a Polícia Federal localizou e prendeu Domenick Sanches e Sheila Guiold. As moças foram levadas à sede da Polícia Federal de São Paulo, e em seguida, encaminhadas a uma sala da corporação, e lá já se encontravam os outros integrantes do grupo. Todos estavam há meses sendo procurados pela polícia política, e, a mando de Getúlio Vargas, a Polícia Federal entrou em ação.

Havia seis policiais à paisana na sala, e dois fardados com os coletes da P. F. Um deles não hesitou em dizer a situação em que eles se encontravam: O homem pegou uma folha de papel e iniciou a leitura de uma lista:

— Domenick Sanches, Sheila Ghiold, Richard Brennt Alamo, Rudolf Rupert, Buber Frtiz Alambert, Ion Fritz Alambert. Todos os membros desta lista deverão ser extraditados imediatamente a seu país de origem. A ordem continua sendo extraditar estrangeiros perigosos à ordem pública ou nocivos aos interesses do país.

Embaixo da folha, o carimbo do presidente e a ordem para a extradição: era o fim do sonho.

Dois dias depois, foram deportados para a Alemanha nazista, onde Hitler e a Gestapo[2] já os aguardavam.

Era realmente o fim de seus sonhos; e também o começo da terrível realidade que todos teriam de enfrentar. Voltar à Alemanha como prisioneiros de guerra, e o culpado por isso parecia-lhes ser o governo brasileiro.

Nunca esqueceriam o nome Getúlio Vargas. Não, enquanto vivessem.

---

[2] Abreviação de *Geheime Staatspolizei*. Refere-se à polícia secreta oficial da Alemanha nazista e da Europa ocupada pelos alemães.

CAPÍTULO 2

O COMEÇO DA TORTURA
**Aeroporto de Berlim
21 de dezembro de 1940
2h p.m.**

Os soldados da Gestapo estavam espalhados por todo o aeroporto quando o avião de prefixo 202 do exército alemão pousou na pista, e o relógio estava marcando 2h da tarde. Ao desembarcarem, perceberam que já havia um ônibus de cor azul, com grades em todas as janelas esperando por eles.

Começava o inferno.

O ônibus estava pronto para levar o grupo diretamente ao sul de Berlim, para passar uma temporada no campo de concentração de Lichtemburg, onde prisioneiros de várias partes do mundo dividiam a mesma esperança: o fim da guerra.

Algemados com as mãos para trás e proibidos de trocarem uma só palavra, foram obrigados a suportar as provocações que os soldados alemães faziam a cada instante; era como se eles ganhassem algum tipo de recompensa à cada humilhação que faziam.

Depois de rodar por cerca de uma hora e meia, o veículo aproximou-se das imensas muralhas que faziam de Lichtemburg uma verdadeira fortaleza, com aspecto assustadoramente horrível.

Na entrada, foram gentilmente recebidos pelas tropas da SS[3]...

— Bem-vindos ao novo lar! Seus filhos da puta!

Após o veículo cruzar o enorme portão principal, os prisioneiros foram conduzidos por corredores que davam acesso ao interior do campo, e em seguida levados a uma pequena sala à esquerda do pátio. Somente lá dentro, tiraram-lhes as algemas e um dos guardas disse:

— Esperem aqui. Logo voltaremos. E não tentem fugir — acrescentou desdenhosamente.

---

[3] *Schutzstaffel*, conhecida como "*SS*", foi criada em 1925 como esquadrão de proteção para o sistema nazista e guarda pessoal de Adolf Hitler, mais tarde passaram a atuar também nos campos de concentração.

Considerando que era praticamente impossível fugir de um campo de concentração como aquele, restava-lhes somente aceitar que teriam pela frente um longo tempo para tentarem tal façanha, e ainda que conseguissem, teriam que deixar o país novamente: estavam realmente sem saída.

Sem perspectivas, e aterrorizados com o que iria acontecer dali para a frente, ficaram sentados no chão, pensando, até que Richard se dispôs a falar:

— Temos que elaborar um plano para nos vingarmos de quem nos mandou para cá, e temos que ser rápidos. Logo eles estarão de volta e com certeza vão nos separar.

Enquanto falava, Richard contemplava os rostos tristes e amargos dos companheiros. Depois se quedou em seu próprio silêncio, até que um deles se dispôs a apoiá-lo.

— Richard tem toda razão. Não podemos deixar por isso mesmo — disse Buber, levantando-se — Nada fizemos para prejudicar o governo brasileiro. Eles não podiam ter nos deportado, como se fossemos animais. Não fizemos nada para eles.

— É verdade — concordou Rudolf — Sei que é muito difícil sair vivo de um campo de concentração como este, mas prometo que se eu conseguir, volto lá e provoco uma catástrofe.

Em sua voz percebia-se um tom perigoso de fúria.

— Eu também faria isso — comentou Ion — E digo mais: podemos fazer juntos.

— Como? — perguntou Sheila, com ar de curiosidade.

— É simples! — Ion começou a andar em volta da sala — Quando chegamos no Brasil, fizemos um acordo, não estou certo?

Todos concordaram.

— Mas o que isso tem a ver? — perguntou Domenick.

— Vejam o que eu quero dizer, é que o fato de termos feito aquele acordo, fez com que pensássemos nele o tempo todo. Aposto que todos esperavam pelo dia 12 de janeiro como quem espera o Papai Noel, e isso fez com que nos saíssemos bem lá: estávamos todos trabalhando e se não fosse o miserável presidente assinar nossa extradição, poderíamos ter continuado lá até o resto de nossas vidas.

— Está coberto de razão. — os olhos de Domenick brilharam, e ela continuou — Precisamos fazer um novo acordo, na verdade, um pacto;

dessa maneira encontraremos força para nos mantermos vivos até estarmos livres e poder cumpri-lo.

— Gostei muito da ideia — disse Sheila.

Não importa quanto tempo demore, um dia podemos voltar ao Brasil para nos vingaremos de Getúlio Vargas. Podemos mostrar a ele com quantos paus se constrói uma canoa.

— Isso pode servir como objetivo para aguentarmos qualquer tipo de pressão que possamos sofrer aqui, e, além disso, pode fazer o tempo passar mais rápido — argumentou Richard.

A guerra não pode durar para sempre. Se nos mantermos vivos, um dia sairemos daqui — Domenick estava disposta a continuar, mas foi interrompida.

— Eu topo — disse Sheila.

— Eu também — confirmou Richard.

— E você, Rudolf, o que diz?

— Estou nessa também!

— Domenick?

— Estou dentro.

Buber adiantou-se:

— Eu também.

— Ótimo! — disse Ion — Então vamos jurar perante nós mesmos que um dia nos reuniremos e voltaremos ao Brasil para acertarmos as contas. Afinal, eles precisam pagar pelo que fizeram conosco: não é certo o que fizeram, mandar pessoas inocentes para as mãos de um assassino cruel como Hitler.

Depressa, Ion tirou do bolso da camisa uma pequena caneta, que por sorte os soldados não haviam visto.

— Preciso de papel — disse ele.

— Eu tenho — lembrou-se Richard.

— Preciso de seis pedaços, e de preferência que sejam do mesmo tamanho.

— Tenho algumas folhas, sempre ando prevenido — disse ele.

— Ótimo, então vamos ao que interessa.

Alguns ainda não haviam entendido a intenção dele.

— Mas o que pretende com esses papéis e essa caneta? — perguntou Domenick. — Nos tirar daqui?

Ion explicou o plano que tinha em mente:

— Em cada uma dessas folhas, vamos colocar os nossos nomes, e vamos guardá-las até o dia em que conseguirmos ficar livres — houve uma pausa — E, se por um acaso não conseguirmos mais nos reencontrar, então, sempre haverá a lista, com os nossos nomes para nunca nos esquecermos desse dia: o dia em que juramos um perante o outro que nos vingaremos do Brasil. — Ion fitou cada um dos membros nos olhos — Mas vamos ter que guardar esses pedaços de papel como se fossem a nossa própria vida, para que um dia, seja lá quando for, esses seis pedaços de papel se reencontrem novamente. Somente quando isso acontecer, o pacto que estamos fazendo agora se concretizará.

Por fim, ele perguntou:

— Então? Todos estão de acordo? — antes que alguém pronunciasse uma só palavra, ele percebeu que a resposta visual era positiva — Creio então que podemos começar.

Solenemente, cada um escreveu o seu nome nos pequenos pedaços de papel: enquanto escreviam, deduziam que a ideia era ótima, pois assim sempre se manteriam unidos e sempre esperariam pelo dia em que aqueles simples pedaços de papéis se reuniriam. Além disso, teriam com o que se preocupar, enquanto estivessem ali.

Cada um dos pedaços continha o nome de todos eles, e quando terminaram, ficaram algum tempo observando aquilo, que mais parecia uma loucura.

Buber enfatizou convicto:

— Que este pacto sirva para que um dia o Brasil pague um preço muito alto por ter destruído os nossos sonhos, e aniquilado as nossas esperanças.

Domenick Sanches
Rudolf Rupert
Sheila Guiold
Richard Brennt Álamo
Ion Fritz Alambert
Buber Fritz Alambert

A lista estava pronta, mas para Buber ainda não era o suficiente. Faltava o mais importante: o sangue.

— Domenick, tire o seu brinco. — disse ele, olhando fixamente para ela.

— Mas o que quer com o meu brinco? — perguntou ela, sem entender.

— Utilizarei somente a ponta dele. — todos se entreolharam, sem compreender o que ele pretendia fazer, e percebendo isso, ele continuou: — Vamos unir os nossos braços e fazermos em cada um de nós um pequeno corte, para podermos selar este pacto com sangue, equivalendo aos pactos realizados com o demônio.

Buber parou de falar, e surgiu na sala um longo silêncio, sinistro como seria o futuro de cada um enquanto estivessem dentro Lichtemburg. Após algum tempo, sem que precisassem trocar palavras, um a um foi se levantando e se posicionando em círculo: estenderam seus braços e Domenick começou a tirar um dos brincos, mas nesse momento Sheila movimentou rapidamente a mão e segurou o antebraço da amiga.

— Não! — disse ela.

Espantados, todos lhe dirigiram o olhar.

— Deixe que eu tire o meu. — enquanto retirava o brinco, explicou: — A ponta desse brinco é muito mais afiada que o dela — e mostrou para todos.

Novamente em silêncio Buber pegou o brinco, examino-o, e logo em seguida começou a furar o punho de seus amigos. Depois encostaram um no outro e colocaram uma gota de sangue em cada um dos pedaços de papel, em seguida, fizeram uma promessa: vingar-se do Brasil.

Agora só o tempo poderia definir se aquilo era loucura ou não.

Às 6h da tarde, um oficial da Gestapo abriu a porta da sala e olhou para todos.

— Domenick Sanches — disse o oficial.

A moça levantou-se.

— Me acompanhe.

Domenick olhou demoradamente para os seus companheiros, e era como se os tivesse contemplando pela última vez.

— Para onde vão levá-la? — perguntou Sheila.

— Não interessa — respondeu o oficial, fechando a porta.

— Não se preocupe. Ela vai para um dos barracões — disse Ion. Sheila começou a ficar apavorada.

Dez minutos depois, outro oficial entrou na sala.

— Sheila Ghiold.

Ela olhou-o com expressão de medo.

— Vamos.

— Para onde?

Não houve resposta.

Rudolf Rupert, Richard, Buber e Ion despertaram ao som da sirene que soava pelos autofalantes do campo todos os dias exatamente às 6h da manhã. Estavam há mais de 20 horas sem comer e sem beber água. Dormiram no piso gelado, sem qualquer tipo de cobertor para amenizar o frio que fazia naquele mês de dezembro. Era como se tivessem esquecido deles; mas aquele regime jamais esquecia os seus prisioneiros.

— Será que vão nos deixar morrer aqui? — perguntou Richard.

— Bom, eu gostaria de poder tomar um reforçado e delicioso café da manhã antes! Será que isso é possível? — perguntou Ion.

Pouco tempo depois, a porta finalmente se abriu. Três oficiais armados com fuzis entraram na sala. Um deles iniciou a pancadaria, logo seguido por um dos companheiros sedento por violência.

Enquanto um deles posicionava-se na porta, os outros dois distribuíam chutes, socos na cara, pontapés, coronhadas e golpes de cassetetes.

CAPÍTULO 3

Eles já imaginavam, mas depois de adentrarem nos perímetros de Lichtemburg, constataram que viver ali era realmente uma antecipação da morte. Prisioneiros comunistas, judeus, democratas e todos aqueles que se insurgiam, ou resistiam ao fascismo, o nacional-socialismo de Hitler, eram condenados e executados em plena luz do dia.

Era a época em que o ditador pretendia dominar de qualquer maneira a União Soviética, e como está não cedia, a chama de ódio que o dominava aumentava cada vez mais: tanto, que naqueles tempos não havia meios de se dizer que alguém dentro de algum campo como aquele, poderia sentir-se seguro. Aquilo era o limiar do inferno, ou pelo menos uma parte dele. Lichtemburg havia sido construído pelas tropas de Napoleão, e estava localizado às margens do rio Elba, a meio caminho da Tchecoslováquia. O campo possuía inúmeros barracões, e era cercado por muralhas que faziam do local uma verdadeira fortaleza. O mais triste, no entanto, era constatar que Lichtemburg era apenas um entre centenas de outros campos como aqueles espalhados pela Alemanha. Tudo indicava que se Hitler tinha um desejo, este era de exterminar da face da terra todos os judeus e comunistas, não importando quanto sangue fosse preciso derramar para isso.

O campo fora construído para abrigar mil prisioneiros, mas havia cerca de 3 mil mulheres e aproximadamente 1.500 homens. Com a superlotação, era simplesmente impossível sobreviver com dignidade e decência, e o número de prisioneiros crescia a cada dia, diminuindo a esperança de todos.

Sheila Guiold havia sido levada para o pavilhão de número 7, destinados aos comunistas. Dentro do campo, os barracões eram divididos em duas longas fileiras.

Eram barracões imensos, separados em pavilhões de aspecto aterrador. Dentro deles havia apenas tri beliches, e as mulheres misturavam-se entre americanas, austríacas, judias, polonesas, tchecoslovaquias e outras diversas nacionalidades. Havia apenas cinco banheiros em cada pavilhão, o que causava muita espera: e por muitas vezes, as presas urinavam no próprio chão, tornando o local imundo. Quando Sheila viu com seus próprios olhos onde ia ficar, quase se arrependeu por ter nascido. Por onde quer que olhasse, deparava-se com a total falta de higiene.

Um oficial da Gestapo acompanhou-a até o fundo do pavilhão, onde ainda havia uma cama vaga. As prisioneiras a olharam de cima à baixo, mas não ousaram fazer qualquer comentário.

Sheila viu a mulher morena e muito bonita que ocupava uma das camas vizinhas a sua, e quando se aproximou, a nova companheira disse-lhe:

— Seja bem-vinda, espero que não se importe de dormir em cima, é o único que temos sobrando. E você levou sorte, pois nem sempre isso acontece. Muitas vezes as que chegam têm que dormir no chão.

— Não tem problema, eu não tenho medo de altura. — as duas se olharam, o oficial já havia se retirado.

— Qual é o seu nome?

— Sheila. Sheila Guiold.

— O meu é Clara.

Apertaram-se as mãos.

— Vejo que é alemã — deduziu a prisioneira.

— É, tem razão.

— E o que fez para estar aqui?

— Nos últimos 12 meses, não fiz nada. — ela não estava a fim de conversar, ficaria naquele lugar sem saber por quanto tempo e desejava ficar em silêncio, mas como a moça parecia simpática, continuou — Eu estava no Brasil... Estava em paz com a vida, e com os amigos, mas...

— Nossa! Você estava no Brasil? Como conseguiram te encontrar lá?

— Getúlio Vargas, o presidente. Ele deve ser aliado de Adolf Hitler.

— Miserável! — esbravejou Clara.

— E você? Por que está aqui? — perguntou Sheila.

Houve um longo silêncio antes de Clara responder.

— Fui presa há seis meses. Estava distribuindo cartazes e panfletos no centro de Berlim. Acusaram-me de conspiração contra a pátria, vê se pode?

— Que horrível!

— Mas eu tenho sorte! — houve uma pausa — Há pessoas importantes tentando me tirar daqui, e tenho fé que vão conseguir. Não aguento mais esse inferno. Vejo pessoas morrendo todos os dias e rezo para que logo tudo isso acabe.

Havia sinceridade em suas palavras, e Sheila compreendeu que Clara poderia tornar-se uma grande amiga.

Ao fim da seção de torturas, os novos prisioneiros foram levados quase mortos aos barracões que ficavam ao final do campo, e como já era de se esperar, foram todos separados. Rudolf Rupert e Buber Fritz Alambert foram selecionados para ficarem no setor de corte de madeira, e Richard Brennt Álamo e Ion Fritz Alambert no setor da lavoura. O trabalho forçado e escravo era obrigatório em todos os campos de concentração da Alemanha, e em Lichtemburg, não era diferente.

Era um trabalho desumano: para os soldados da SS, contaminados pela crueldade do ditador sanguinário, todos ali eram imprestáveis sem direito à vida. E os soldados sentiam um prazer perverso em maltratar as pessoas, esquecendo que como eles, também eram seres humanos, e deixavam claro que ninguém ali fazia jus se quer ao ar que respiravam. Dentro daqueles portões, realmente não havia compaixão.

No dia seguinte, trajando uniformes azul e branco, adotados simbolicamente em todo o país para prisões e campos de concentração, os novos prisioneiros começaram a trabalhar, misturados entre pessoas vindas de vários países. Apesar da ânsia louca de saírem daquele lugar, no fundo da alma estavam cientes que isso era praticamente impossível. Só havia uma perspectiva: conseguirem se reunir novamente e voltarem ao Brasil, não mais para viverem em paz, e sim para devolver o que trouxeram — ódio e rancor.

A situação era semelhante em todos os barracões. Com a distância de um metro no máximo um do outro, o tribeliches amontoavam-se e misturavam-se à total falta de higiene que imperava no lugar. No barracão de número 32, bem ao fim do campo, encontravam-se Rudolf e Buber: juntos estavam mais 75 austríacos e 32 Tchecoslováquianos, também recém-chegados. Os dois ficaram separados e ambos só falavam alemão e português, o que dificultava a comunicação com os demais. Naqueles dias, Hitler tinha sob o seu domínio mais de 20 países ao redor da Alemanha: e essa foi uma das maneiras que Hitler encontrou para deixar seu nome marcado para sempre na história da humanidade.

Sheila, após vários dias procurando por Domenick, sem conseguir encontrá-la, ficou sem saber o que havia lhe acontecido. Apesar de estarem no mesmo campo, era muito difícil localizar alguém, pois a cada dia chegavam mais prisioneiros.

Sheila passava o dia trabalhando na lavoura, mas agradecia por poder ficar em companhia de Clara. Toda a alimentação que os presos recebiam ali era retirada da horta, uma área imensa que se situava no lado direito do campo.

— Tem que haver alguma forma de se sair daqui — disse Sheila, com lágrimas nos olhos.

Clara observou-a por alguns instantes, e depois ressaltou:

— Só Deus, minha querida. Só Deus.

Sheila baixou a cabeça, e continuou a trabalhar.

Após a ração noturna, as novas amigas passavam horas conversando, baixinho, antes de adormecerem: uma se encantava com a história da outra. Acabaram descobrindo que tinham muita coisa em comum, uma delas é que ambas eram guerreiras.

Um dia, Ion viu Sheila de longe, mas apenas por um breve momento. Tencionou se aproximar, mas foi impossível: os soldados não deixaram. Foi a única vez que avistou um membro do grupo, e o que mais desejava era saber do paradeiro do irmão. Mas o encontrar ali era o mesmo que procurar uma agulha em um palheiro.

A ração era servida três vezes ao dia, de manhã, ao meio-dia e às 8h da noite, e o cardápio variava: um dia, sopa com pão, e outro, pão com sopa. Desesperados com a situação em que se encontravam, só restavam alimentar o ódio pelo Brasil; país governado por um homem que, segundo suas convicções, tinha coração de pedra, como Hitler, que destruíra os seus sonhos de liberdade. Eles jamais perdoariam Getúlio Vargas.

— Miserável Governo brasileiro! Se não tivessem nos deportados, não estaríamos passando por essa situação humilhante — disse Richard, com ódio nos olhos.

— Calma, meu amigo, um dia a sua raiva passa, é questão de tempo.... De tempo — disse o velho, que se encontrava na cama ao lado.

Porém o velho estava completamente enganado. Com o passar do tempo, o seu ódio apenas aumentava. Assim como aumentava o trabalho e o sofrimento aos quais todos eram submetidos.

Não demorou muito para saberem o que acontecera com Domenick. Dois meses depois, Rudolf Rupert descobriu que ela havia sido transferida para um novo campo ao norte de Berlim. Ela e mais 800 prisioneiras haviam saído de Lichtemburg em um comboio de 15 ônibus, iguais aos que haviam transportado o grupo: o destino era o campo de Ravensbruck.

— Tenho certeza absoluta do que falo, meu amigo. — o homem que dizia essas palavras era idoso e tinha os olhos negros e profundos — Lembro-me bem do nome dela, porque é o igual ao da minha irmã... Pobre Domenick, não a vejo há anos.

— Obrigado, meu amigo. Muito obrigado.

Após esse dia, Rudolf passou a ouvir o nome Ravensbruck com frequência, e os boatos que seriam confirmados mais tarde é de que Hitler havia construído nesse e em outros campos fornalhas e câmaras de gás, a fim de liquidar os prisioneiros considerados inúteis à economia do governo Heich. As crianças e as pessoas com deficiências físicas ou mentais eram selecionadas e, junto com as que não podiam mais trabalhar, eram obrigadas a tomar banho em celas especiais construídas subterraneamente sob o campo; para não gerar pânico, eles diziam que eles iriam ver seus familiares e que precisavam se limpar para receberem roupas novas, o único problema era que em vez de sair H_2O das torneiras, o que sai era gás venenoso: e tudo não passava de mais uma invenção macabra da Alemanha Nazista. O tamanho do campo impressionava qualquer um que tomasse conhecimento: o local tinha capacidade para abrigar 45 mil prisioneiros.

Em 1939, em Varsóvia, na Polônia, havia sido construída as primeiras câmaras de execução em massa de prisioneiros por meio de asfixia, no campo de Belzec: o sucesso da experiência foi tão grande que Hitler copiou o modelo e implantou em dezenas de campos espalhados pela Alemanha. Em algumas dessas câmaras, era possível exterminar até 600 prisioneiros de uma só vez, tudo sem gritos e sem gastar munições. Em seguida, era só utilizar os fornos crematórios movidos a óleo, construídos ao lado das câmaras para que não pudessem serem acusados de crimes de guerra, pois acreditavam que se não encontrassem os corpos não poderiam ser condenados.

Ao contrário do que se pode imaginar, a morte nas câmaras de gás era lenta e dolorida. O gás venenoso variava de acordo com o campo, no início era usado o monóxido de carbono, depois, com a ampliação do tamanho das câmaras, passaram a utilizar o terrível "Zyklon B", que continha ácido cianídrico e que servia para matar piolhos e insetos: após o veneno passar por uma manipulação química para não emitir odor, era colocado em um compartimento de metal para gerar vapor e ser lançado através de equipamentos instalados ao lado das câmaras para fazer a ativação e a exaustão do produto. Outro gás venenoso que também era utilizado é o cianeto de hidrogênio, que interferia na respiração celular, fazendo com que as pessoas, antes de morrerem por sufocamento ou parada cardíaca, sentissem uma enorme queimação no peito seguida de crises convulsivas, perda das funções fisiológicas, dores extremas e sangramentos. Em média, o processo da inalação ao óbito durava cerca de 20 minutos, e como eram obrigados a entrarem nas câmeras nus, começavam a evacuar enquanto sentiam as fortes dores. O mais triste é que as pessoas mais altas sempre morriam primeiro, "por consequência do gás se acumular primeiro nos espaços superiores por ser mais leve que o ar", as crianças só começavam a sentir o efeito do gás após presenciar a morte agonizante dos pais, dos parentes e dos adultos.

Inúmeros campos adotaram o mesmo sistema de genocídio, e como Lichtemburg era um dos raros campos que não havia câmaras de gás, a superlotação fazia com que as transferências acontecessem com frequência, o que dificultava e muito a tentativa de se reencontrarem.

Cada dia que passava era marcado com a ponta de um prego na tábua do tri beliche. Quase todas as prisioneiras faziam isso, e já havia mais de 60 no de Sheila, quando ela confessou à Clara.

— Minha amiga.... É terrível o que estou temendo; ultimamente tenho enjoado muito. Tenho medo de estar.... De estar grávida!

— Grávida? Sheila, isso é realmente terrível! — Clara sabia das dificuldades e do sofrimento que esperavam a amiga, caso ela estivesse realmente esperando um filho.

— Não sei o que faço, Clara. Tenho quase certeza dessa gravidez e não tenho ideia do que pode me acontecer.

— Calma, Sheila. Está certo que as coisas podem ficar mais difíceis, mas também não é tão mal assim. — Clara disfarçava sua própria apreensão: houve um tempo de silêncio, antes que ela continuasse — E... Quem sabe a guerra acabe antes mesmo de você ter esse filho? Afinal ela não pode durar para sempre.

— Deus te ouça, Clara. Deus te ouça.

— Só há um jeito de você ter certeza — disse Clara.

— Como? — os olhos de Sheila se animaram.

— Você deve avisar um oficial. Ela lhe encaminhará à enfermaria, e assim você poderá ter certeza.

Clara pôde ver o medo nos olhos da amiga.

— E se eu estiver.... Como será?

— Vão fazer com você o que fazem com todas que encontram nessa situação. Vão obrigar você a trabalhar até o parto, e depois... — Clara parou de falar.

— E depois? — perguntou Sheila, quase desesperada.

— Bom... — Clara quase não conseguiu falar — A ordem de todos os campos de concentração impõe que as mães só podem ficar com os filhos até que o leite acabe — agora já era pavor o que Clara via nos olhos de Sheila — Depois disso, as crianças são mandadas para instituições do governo: e eu não queria dizer isto, Sheila, mas dificilmente as mães reencontram seus filhos depois que isso acontece.

Havia lágrimas nos olhos de Sheila, e Clara não conseguiu encontrar argumentos para consolar a amiga.

CAPÍTULO 4

Era impressionante e inacreditável que o número de prisioneiros dentro da Alemanha chegasse a ultrapassar a faixa de 200 mil, como se a vida humana não tivesse valor algum.

Assim como todos do grupo, Buber lia e relia a lista que continha o nome de seus amigos: não sabia o porquê, mas alguma forma estranha de pressentimento lhe dava a total certeza de que algum dia aquele pacto feito com sangue iria se concretizar; e ao mesmo tempo, como já haviam previsto, servia também como uma forma de se manter vivo naquele lugar.

Sentia muita falta do irmão e procurava de várias maneiras informações que lhe garantissem que ele ainda estava vivo, mas nunca conseguiu saber o que realmente havia acontecido com ele, e com frequência, Rudolf tentava consolá-lo:

— O campo é imenso. Ele deve estar em algum lugar.

Mas tanto Rudolf como Buber tinham medo de admitir que ele pudesse ter sido transferido. Mais de quatro meses haviam se passado, e até então não haviam conseguido notícias de nenhum de seus amigos, e receavam que eles poderiam estar mortos.

Os dois perceberam que no começo as transferências eram feitas de maneira a não alertar o restante dos prisioneiros, mas não demorou até que os soldados passassem a reunir os presos no pátio após a ração matinal, e sem cerimônia ordenarem que se posicionassem em fila. As pessoas das quais os nomes soavam nos alto-falantes eram obrigadas a formar uma segunda fila ao lado, e ao final da chamada, sem que pudessem pegar pertence algum, eram levadas ao portão principal, onde os ônibus da Gestapo já os aguardavam.

Eram momentos em que todos ficavam atentos, na esperança de ouvirem o nome de algum conhecido, mas em meio a tantas chamadas, nunca conseguiam.

Em uma dessas manhãs, Sheila pensou ter ouvido o nome de Domenick, porém Clara lhe assegurou que era Henrique que haviam chamado, e não Domenick.

Naquela noite, Clara e Sheila conversaram novamente sobre a gravidez de Sheila. Clara perguntou-lhe de Eduardo, e Sheila não conseguiu segurar a emoção e acabou chorando como nunca havia chorado antes.

— Não aguento mais de saudade dele... Cada vez que me lembro, sinto uma pontada no peito, como se nunca mais fosse vê-lo.

— Mas se for mesmo como você me contou, Sheila, ele deve ter deduzido que você foi deportada. — ela parou de falar, não sabia se devia ou não continuar — Mas acho que as possibilidades de vocês se reencontrarem são mínimas. Sinto muito.

— Eu não imaginava que isso fosse acontecer; nem tínhamos ideia de que o governo brasileiro compactuasse com o Reich — fez uma breve pausa, depois acrescentou — Foi por esse motivo que fizemos o pacto.

— Pacto? — Clara ficou aturdida — Mas que pacto?

No final do campo, na ala masculina, Buber e Rudolf Rupert conversavam:

— Já estou desanimado, meu amigo, o tempo está passando e não sabemos como estão os nossos amigos.

Buber tentou animá-lo.

— Temos que ter fé em Deus. Só ele pode amenizar nosso sofrimento. Se o destino nos colocou aqui é porque deve haver algum propósito. Nada acontece por acaso, e não existem coincidências, meu amigo.

Na outra parte do campo, no setor de corte de madeiras, Richard Brennt Álamo encontrava-se pasmo. Presenciara a morte de um judeu pelo simples fato de ter furtado um pão do refeitório. O soldado da SS disparou dois tiros na cabeça do pobre homem e depois friamente cuspiu em cima do corpo; virou-se para Richard e disse:

— É assim que tratamos ladrões aqui. Não acha que estamos certos? O que houve? Mordeu a língua?

Richard fitou o homem por alguns instantes; sua vontade era de pular em seu pescoço e torcê-lo até ouvir o barulho dos ossos quebrando; mas tudo o que disse foi:

— Nenhum problema senhor.

Quando contou a Ion o que vira, este passou a ficar ainda mais preocupado com Buber. Seus pressentimentos diziam-lhe que seu irmão estava em perigo: e ele não podia fazer nada, a não ser rezar.

CAPÍTULO 5

Fora dos perímetros de Lichetmburg a situação, além de caótica, era também assustadora. Membros da Aliança Nacional Libertadora entravam em constantes confrontos com a polícia política da Alemanha nazista; o que resultava sempre em inúmeras mortes.

Era o movimento antissemita que imperava no país, e o número 2228 da Rua Prinz Albrecht, onde funcionava a sede da Gestapo de Berlim — o quartel general da polícia secreta — sofria manifestações e atentados de toda a espécie, porque todos os comunistas tinham certeza de que era exatamente dali que partiam as ordens mais absurdas de matança do planeta.

Foi justamente nessa época que as tropas alemãs invadiram a Iugoslávia, e logo em seguida a Albânia, a Macedônia e a Grécia. O Japão ocupava a Indochina, e cerca de 600 mil soviéticos eram aprisionados em Leningrado.

No Brasil, com o tempo passando e a guerra lá fora se alastrando, os fascistas da esquerda elaboravam movimentos para que o governo declarasse guerra à Alemanha; Getúlio Vargas agora se encontrava em contradição com as decisões que tinha tomado no início da guerra. Como ele havia se aliado a Adolf Hitler, agora, sob a pressão do povo brasileiro, estava sendo obrigado a ceder.

Em todo o mundo o comentário era sobre a guerra. As pessoas compartilhavam o sofrimento causado pelas decisões de presidentes ambiciosos e sem sentimentos humanitários.

Não era um tempo fácil para se viver; em qualquer lugar, ouvia-se falar de morte, e tudo por consequência da sede do poder.

Dentro de Lichtemburg, Sheila Guiold ouvia a médica que estava de plantão naqueles meses; era alta e magra, cruel a ponto de sentir prazer em maltratar as prisioneiras.

— Sua comunista filha da puta, andou abrindo as pernas no Brasil? Como se não bastasse fazer parte da escória, também é piranha? — era possível sentir o ódio fluindo junto com as palavras da mulher, e Sheila sabia que se respondesse alguma coisa só complicaria a situação: então se calou, e novamente a médica voltou a falar.

— Está achando que vai levar a melhor? De hoje em diante, mexerei os pauzinhos para você trabalhar dobrado. O que acha?

Sheila não falava nada, apenas observava a fúria que irradiava daquele ser que deveria estar ali para ajudar e não maltratar. Após fazer alguns exames de rotina, gentilmente ela mandou que Sheila se retirasse:

— Vá trabalhar, sua égua.

Sheila saiu meio sonsa da enfermaria, caminhou pelo longo corredor que dava acesso às solitárias e pôde ouvir os gritos de algumas prisioneiras que pareciam estar sendo torturadas, mas não deu atenção: sua mente estava em turbilhão: grávida e dentro de um campo de concentração, ela só tinha uma certeza: se vingaria do Brasil por estar naquela situação.

Richard Brent Álamo já havia perdido mais de dez quilos. Estava pálido, com uma aparência horrível. Quando chegava as noites ele ficava pensando em como ia fazer para continuar vivo; pensando na lista, no pacto. Lia nome por nome, e não sabia se eles ainda estavam vivos.

Seus últimos pensamentos antes de adormecer, sempre eram: "ainda voltarei lá...".

O clima, sempre muito frio, era um inimigo a mais no setor de corte de madeiras. Buber pensava em desistir de tudo e enfrentar os soldados da SS, como uma forma louca e heroica de cometer suicídio: quando comentou o que pensava com Rudolf, este lhe deu um sermão.

— Você está ficando débil mental! Será que o cansaço está deixando você louco? Ou será que não é mais o mesmo Alambert que conheci há 15 anos? Todos nós aqui estamos sofrendo, mas não podemos desistir. Será que não entendem que precisamos nos manter vivos para podermos acertar as contas com o responsável por estarmos aqui?

Buber ficou imóvel, escutando, raciocinando. Até que se levantou e disse:

— Você tem toda razão! Ainda sairemos daqui!

E o tempo assim foi se passando, entre as jornadas de trabalhos forçados e recolhimentos constantes às solitárias. Cada dia que passava era mais difícil para Sheila trabalhar devido à gravidez, e para amenizar o sofrimento ela começou a escrever durante as noites: quando Clara perguntava sobre o que ela escrevia, Sheila dizia que eram somente pensamentos, mas nunca a deixava ler.

— E por que está escrevendo? Quando sabe que as normas da prisão não nos permitem remetermos e nem recebermos correspondências? Vão pensar que são cartas — disse Clara.

— São cartas mesmo. Para o meu filho. Espero que um dia ele possa compreender o conteúdo delas — revelou Sheila.

Clara podia sentir o desespero da amiga. Se a guerra não acabasse em breve, a criança iria crescer órfã de pai e de mãe.

O estampido dos fuzis foi ouvido por quase todo o campo. Os soldados haviam usado um grande paredão para executar 19 prisioneiros, entre eles, seis eram considerados comunistas, onze membros da seita testemunha de Jeová, e dois alemães que haviam sido condenados por subversão. O show foi visto por mais de 500 prisioneiros, para servir de alerta àqueles que tentassem se impor às normas da prisão; Richard e Ion assistiram a cena calados e com água nos olhos: os prisioneiros não haviam cometido nenhuma infração, e tampouco desacatado algum oficial.

Dois meses depois as águas geladas do rio Élba inundaram os barracões, e junto com a enchente veio também uma onda de tuberculose e pneumonia que se propagou por todo o campo. Pouco tempo depois, o número de contaminados se multiplicou, o que resultou em um desespero a mais para Sheila.

— Tenho muito medo de contrair a doença, Clara. Estão matando as pessoas infectadas, não posso ficar doente, tenho que pensar em meu filho.

— Estamos na mão do Criador, Sheila. Tenho certeza de que ele vai providenciar que o seu filho nasça com perfeita saúde; na situação em que estamos, não adianta nos preocuparmos. — ela olhou para Sheila — O que temos que fazer é orar, Sheila. Só nos resta isso.

— Eu oro, Clara.... Eu oro. Mas já não estou mais suportando tudo isso.

— Um dia tudo isso acabará, Sheila. Isso eu posso te garantir.

Certo dia, um oficial da Gestapo foi até a lavoura e ordenou que Clara parasse de trabalhar e a acompanhasse. Isso aconteceu na parte da manhã, e até as 5h da tarde ela ainda não havia voltado. Sheila Guiold sentiu medo; não suportaria perder a melhor amiga.

Sheila passou o dia pensando na amizade sincera que nascera entre as duas, e foi justamente essa amizade que a fez ela tomar a decisão mais importante de sua vida. A mais importante, e a mais difícil, para uma mãe ter que tomar.

Pouco antes das 7h da noite, quando Sheila já estava em sua cama pensando no que teria acontecido à amiga, Clara apareceu com um dos mais belos sorrisos que ela já presenciara.

— Clara! Finalmente! Pensei que...

Sheila foi interrompida:

— Você não vai acreditar. Tenho ótimas notícias! Em menos de um mês estarei fora daqui. Você pode acreditar nisso? Fora desse lugar. Finalmente poderei ser livre novamente.

Havia lágrimas de alegria em seus olhos.

— Mas como...? Me conte como isso aconteceu.

— Eu sabia que eles não poderiam me manter aqui por muito tempo. Eu tinha certeza disso: Deus não me abandonou.

— Estou muito feliz por você, minha amiga, mas.... Explique melhor.

— Quando fui presa distribuindo cartazes no centro de Berlim, o movimento da frente vermelha tirou algumas fotos minhas exatamente quando me prenderam, e estão ameaçando o governo de colocarem as fotos nas emissoras de TV de todos os países que estão contra Hitler. Eu não sei como isso aconteceu, Sheila, mas a sorte me ajudou.

Sheila estava pensando na decisão que havia tomado, e se Clara fosse libertada dentro de um mês, seus planos iriam por água abaixo.

— Estou contentíssima... Mas ao mesmo tempo, muito triste. Já pensou, como será difícil para mim sobreviver aqui, sem a sua companhia?

Nesse momento Clara se deu conta do quanto a amiga era importante para ela.

Como a tuberculose não parava de se propagar, o paredão da morte, "como foi apelidado", passou a ser usado ainda com mais frequência. Prisioneiros com a doença em estágio avançado eram enfileirados diante no paredão, e em seguida exterminados. O barulho dos fuzis fazia com que os corações dos demais se amargurassem; ninguém sabia quem seria o próximo.

Notando que muitos dos prisioneiros que eram chamados à enfermaria para simples consulta voltavam com tuberculose, passou a surgir boatos que somente anos mais tarde seria comprovado. A suspeita era de que os presos estariam sendo infectados pelo bacilo da doença propositalmente pelos novos médicos que o governo Hesch havia enviado para o campo. Eram experiências científicas, na qual os médicos injetavam o bacterial da doença nos presos para observarem os resultados.

    E foi logo após esses boatos que Ion fora convidado a ir à enfermaria. Cinco dias depois, a triste constatação: ele estava infectado.

CAPÍTULO 6

Nas raras noites em que Sheila conseguia manter-se acordada antes de desmaiar de cansaço, ela colocava seus sentimentos e tudo que estava acontecendo na sua vida nas cartas. Narrava com detalhes tudo o que estava passando e o porquê: tudo era mantido em absoluto segredo, pois se um oficial da Gestapo descobrisse, certamente ela iria para a solitária, ou para o paredão da morte. De vez em quando deixava Clara ler algumas folhas; ela ficava abismada com o que ela escrevia, e comovida, sempre dizia a mesma coisa:

— Pode se complicar se pegarem você com essas cartas, Sheila. Vão investigá-las minuciosamente.

E Sheila sempre respondia a mesma coisa:

— Não vão pegar.

O mês passou e Clara Mendes nem sequer teve alguma informação sobre sua libertação, porém era preciso paciência e aguardar sem perder as esperanças.

— Ao menos você vai sair. — consolou Sheila — Agora olhe bem para minha barriga. — Clara olhou: estava enorme. Era o nono mês de gravidez — Já quase não consigo trabalhar, e não sei se sairei viva daqui.

Clara entendeu perfeitamente o que Sheila queria dizer, e compreendeu que não seria nada fácil estar no lugar dela.

Ion estava muito triste; Richard havia sido transferido de barracão e agora, doente e sozinho, estava perdendo as esperanças: sabia que em breve morreria, ou pela tuberculose, ou pelo pelotão de extermínio. Lia e relia a lista, com apenas um desejo ardendo no íntimo de seu coração: "tomara que eles consigam...".

Buber Fritz Alambert parecia pressentir que o irmão precisava de ajuda. Sonhou duas vezes seguidas com ele, e nos dois sonhos ele estava se despedindo, como se fosse viajar. Entregava um bilhete a ele, e depois partia; quando Buber ia ler o que estava escrito, acordava. Contou a Rudolf um dia, e disse que achava que o sonho era um aviso.

— Muitos sonhos são avisos, meu caro amigo, e muitos não passam de manifestações de momentos gravados no nosso subconsciente. Não podemos acreditar neles — Rudolf olhou para Buber — Pelo menos, não em todos eles.

Mas a verdade é que Buber sempre acreditara nos sonhos, por isso passou então a concluir que se Ion não estivesse morto, estava no mínimo correndo sério perigo.

Dessa vez o nome soou no alto-falante sem deixar dúvidas aos ouvidos de Sheila; ela ouvira alto e claro o nome Richard Brennt Álamo por duas vezes. Não podia vê-lo; estava dentro do barracão, mas tinha certeza: era ele.

— Ainda está vivo! Graças a Deus!

Mas em seguida, com tristeza, lembrou-se que os nomes que estavam sendo chamados iriam ser transferidos para Ravensbruck.

CAPÍTULO 7

Ravensbruck ficava ao sul de Berlim, há alguns quilômetros de Furstemerg, uma pequenina e pacata cidade com pouco mais de 15 mil habitantes, que sempre despertava com a movimentação dos comboios que a Gestapo utilizava para transportar os presos para o campo.

No início, Ravensbruck tinha sido construído para ser um campo de concentração somente para mulheres, mas com o excesso de prisioneiros em toda a Alemanha e aproveitando as dimensões do campo, com capacidade para 45 mil prisioneiros, o governo Reisch decidiu mudar o sistema, e de 1941 em diante o novo campo havia se tornado para ambos os sexos.

Buber e Rudolf achavam que não havia lugar mais assustador que Lichtemburg; porém quando também foram transferidos se depararam com o novo campo, constataram o quanto estavam enganados.

A aparência era bucólica. A entrada ficava entre um enorme bosque e o lago Schwert. Quando ultrapassaram os portões, tiveram a impressão de estarem entrando em uma cidade. A área era imensa. Na entrada havia dezenas de casas e alojamentos; todos de alvenaria, construídos especialmente para os comandantes e oficiais da Gestapo.

Um pouco à frente, encontravam-se os blocos que hospedavam os médicos, enfermeiras e as tropas da SS, que no total somavam a quantia de 600 soldados divididos em quatro companhias de combates. E mais adiante do enorme pátio, encontravam-se os barracões construídos lado a lado, com capacidade para abrigar os indesejáveis do sistema.

As diferenças entre os dois campos eram enormes; a começar pelas regras que eram bem mais rígidas. Ali, além dos uniformes, eles recebiam também uma braçadeira com um triângulo numerado: pela cor do triângulo, classificavam o prisioneiro, e pelo número o identificavam. Os triângulos eram vermelhos, azuis, roxos, verdes e pretos.

Os triângulos vermelhos eram para os que fossem presos por medida de segurança e por razões políticas. Os azuis para estrangeiros, os roxos para os membros testemunhas de Jeová, como também para freiras e religiosos em geral. Os verdes para ladrões e pretos para os considerados antissociais: ciganos, homossexuais e doentes mentais.

Quem era judeu, além do triângulo normal, recebia outro amarelo, para deixar claro que se tratava de um judeu. Juntando os braços, os triângulos formavam a estrela de Davi.

Mas a maior diferença se encontrava no trabalho escravo. Pois em Ravensbruck, Hitler teve a ousadia de mandar construir às margens do lago Schwedt nada menos que 20 barracões destinados às indústrias da Siemens. Ali elas assentaram suas máquinas a fim de aproveitarem melhor o trabalho dos prisioneiros. Dentro dos barracões era fabricado de tudo, desde simples uniformes até componentes para os temidos foguetes V-12.

Buber e Rudolf receberam os triângulos vermelhos, e foram encaminhados aos barracões dos comunistas. Dentro deles não havia diferença: eram dezenas de tri beliches espalhados por todos os lados. E a falta de higiene, como no outro campo, também se manifestava por todo o local.

— Será que encontraremos Ion e Richard aqui? — perguntou Buber.

— Só por um milagre. Há mais de 40 mil prisioneiros neste campo e acho que estamos com sorte por ainda estarmos juntos.

Em Lichtemburg o filho de Sheila estava prestes a nascer; ela havia pensado muito a respeito da decisão que estava decidida a tomar, e agora não havia mais como adiar. Naquela noite chamou Clara para uma séria conversa

— Clara. Tenho que falar com você a respeito de algo muito importante. Só preciso, e espero que me compreenda. — nesse momento as duas se sentaram — Vou precisar de sua ajuda.

— Pode contar comigo. O que eu puder fazer por você eu farei.

Quando ela ia começar a falar, ambas foram interrompidas.

Os campos de concentração da Alemanha eram periodicamente visitados pelo senhor Heinrich Himmler, a figura mais ilustre do Reich: acima dele, somente Hitler.

Com a chegada do inverno, a neve havia invadido o pátio do campo, e quando os comandantes souberam da visita de Heinrich, ordenaram aos presos que limpassem toda a neve, exigindo uma faxina completa.

Naquele momento, em que Clara ia saber qual o favor que a amiga tanto queria, foi chamada pela carcereira.

— Favor me acompanhar...

— Mas o que foi que eu fiz desta vez?

— Você foi selecionada para ajudar a limpar a neve do pátio. Serviços gerais

Clara levantou-se, olhou para Sheila e sinalizou com os olhos para que a conversa fosse adiada.

Dois dias depois, não se encontrava sequer um toco de árvore no chão. Os soldados haviam selecionado mais de 600 prisioneiros para deixar Lichtemburg impecável. Quando o senhor Heinrich chegou escoltado por veículos militares e cercado de motocicletas, os soldados da SS já estavam em fila no pátio principal. Um deles, como de costume, fez um discurso em louvor ao visitante.

Vestindo um sobretudo, que cobria seu corpo até os tornozelos, e segurando as grossas luvas que sempre usava, o homem começou a vistoria, olhando cada soldado e fiscalizando cada pavilhão: nunca ia embora sem antes deixar severas ordens de punição, como um verdadeiro carrasco.

Quando reencontrou a amiga, Clara estava exausta, mas ansiosa para continuar aquela conversa com Sheila, e observou que sua barriga parecia ter crescido surpreendentemente.

— Nossa! Como a sua barriga está enorme! Aposto que já escolheu o nome.

— Para dizer a verdade, ainda não me decidi, mas já tenho algumas opções em mente.

— Então me diga.

— Será surpresa.

— Aposto que será Eduardo.... Não estou certa?

— Ainda estou pensando. Assim que decidir, eu te digo.

— Estou ansiosa. Agora.... Vamos continuar aquele assunto?

Nesse momento Sheila colocou a mão sobre a barriga; sentiu uma dor intensa, e suas feições se contorceram.

— Acho que é agora, Clara! Chame alguém!

Alguns minutos depois, estava de volta com duas enfermeiras. Sheila estava quase desmaiando.

Era o final de 1942. Os prisioneiros que chegavam a Ravensbruck traziam notícias desanimadoras: Hitler avançava com suas tropas invadindo os países que ficavam ao seu redor. Pelo que os recém-chegados comentavam, a guerra ainda estava longe de acabar.

Buber Fritz Alambert e Rudolf Rupter foram designados para uma das oficinas da Siemens. Passaram a trabalhar 12 horas por dia, sem nenhuma recompensa, e aqueles que demostrassem não ter mais condições físicas de executar os serviços, acabavam sendo selecionados pelos médicos nazistas.

Agora se comprovavam os terríveis comentários que haviam ouvido: os médicos nazistas injetavam bacilos de doenças nos prisioneiros e realizavam diversos tipos de experiências científicas.

Comandada pelo doutor Fritz Menneck, uma equipe de médicos e enfermeiros começou a realizar no campo essas novas experiências; já havia muitas pessoas infectadas com o bacilo da tuberculose e outras doenças como o tétano, que se espalhavam pelos presos. Foi justamente nessa época que Hitler criou uma lei, que dava a alguns médicos escolhidos a dedo o poder de cometer a eutanásia. Esses médicos escolhiam os prisioneiros que não tinham mais condições de trabalhar e os usavam como cobaias em suas experiências; depois lhes davam a morte por clemência. Hitler havia finalmente conseguido legalizar o extermínio.

E mesmo conscientes de que o trabalho escravo era desumano, conhecidas empresas e grandes indústrias como a Dainlr-Bens, fabricante dos automóveis Mercedes-Benz, a Volkswagem, e até mesmo a fábrica Bayrischem Moto-renwerke, que produzia os veículos da marca BMW, utilizavam cerca de dois a três mil prisioneiros dos campos para trabalharem de graça em suas instalações. Para as empresas que não queriam ter oficinas dentro dos campos, a SS deslocava os prisioneiros até a fábrica e depois os traziam novamente.

Estimula-se que entre 1938 e 1945, cerca de 40 mil homens e mulheres trabalharem de graça nessas grandes indústrias.

Buber e Rudolf não tiveram a sorte de serem convocados para trabalharem em nenhuma delas: foram designados para um barracão que produzia componentes para armas e espoleta de disparo retardado para bombas. Eram vigiados o dia todo e não havia a menor possibilidade de fuga. Para eles só restava aguardar o fim da guerra.

Enquanto isso, Ion Fritz Alambert deixava definitivamente este planeta. A tuberculose havia tomado conta de seu pulmão, levando-o a óbito. Foi exumado junto com mais 38 prisioneiros de dois países: Alemanha e Polônia.

Era o fim solitário e inglório de Ion, um dos desventurados que fora extraditado do Brasil.

CAPÍTULO 8

A criança nasceu em uma das enfermarias da SS. Era um lindo menino, moreno, com olhos azuis que herdara do pai; pai esse que nunca viria a conhecer.

Após retornar ao barracão, Clara admirou-se com a beleza da criança:

— Mas como é lindo! Se parece mesmo com a mãe.

— Os olhos azuis são iguais ao do pai.

— Talvez vocês ainda se reencontrem. — adiantou-se a amiga — Deus sempre sabe o que faz, e...

— Não me venha com esse tipo de consolo, Clara. Sabe que dificilmente conseguirei sair viva daqui e não quero me iludir. — Sheila não conseguiu conter as lágrimas — Preciso de você, Clara.

Clara pediu para segurar o bebê. Era realmente lindo.

— Se eu sair, — as duas entreolharam-se — Prometo que farei de tudo para tentar tirar você desse campo, Sheila. — Clara olhou para o rostinho lindo do bebê. — Eu prometo.

— Eu lhe agradeço muito, Clara: mas se quiser mesmo me ajudar... Vai ter que me prometer outra coisa — Sheila parou de falar por um longo tempo. Depois, lentamente continuou — É sobre aquele assunto que não conseguimos terminar. Eu pensei muito, muito mesmo antes de tomar essa decisão, e agora estou convicta de que será melhor.

— Não estou compreendendo aonde você quer chegar.

Sheila pegou seu filho no colo; o menino estava dormindo. Beijou-o com um imenso amor, preparou-se, olhou para Clara, e disse:

— Meu filho vai se chamar Eduardo Mendes Guiold. Quero que o leve com você.

— Não entendi.

Em toda a Alemanha, e no mundo todo, as pessoas continuavam sofrendo por causa da guerra, mas parecia que não havia meios de fazer alguma coisa para amenizar aquela agonia e Adolf Hitler, sentia-se invencível: é claro que outros poderosos também eram responsáveis, como o ditador fascista Benito Mussolini, que apoiava e agia de acordo com os pensamentos do fascista incontrolável. Mas o maior responsável por tudo com certeza era ele: Adolf Hitler.

Richard Brent Sholl imaginava que Ion já deveria estar morto, em consequência do estado em que o viu pela última vez. Passou a ficar cada vez mais desanimado e pouco conversava com os demais.

A variedade de idiomas era maior em Ravensbrusk, e Richard não se conformava com a situação degradante em que se encontrava. Sentia-se desesperado; precisava sair dali e não conseguia, chegando até mesmo a pensar em suicídio como forma de amenizar o sofrimento: só não o fazia, por existir o pacto.

Em Lichtemburg, Clara ouvia atentamente o que Sheila estava dizendo:

— Sei que a guerra ainda está longe de terminar. Os boatos são assustadores e não quero que o meu filho vá para nenhum orfanato. Por isso tomei essa decisão. Sabe, é muito difícil para mim... Mas estou contando com você.

— Eu não sei, Sheila. Eu nunca imaginei que alguém um dia me pediria isto...

Sheila começou a chorar.

— Mas eu não tenho outra saída. Por favor, Clara. Se eu conseguir sair com vida deste lugar, posso lhe procurar, caso contrário, você o criará como se fosse o seu filho.

Clara sentiu-se atordoada com tudo aquilo, mas refletindo um pouco, compreendeu perfeitamente o desespero da amiga: ela só queria salvar a vida de seu filho.

Pensando nisso, Clara aceitou o pedido de Sheila, compreendendo que não poderia deixar a amiga naquela situação. E aquelas palavras; "... Você o criará como se fosse o seu filho", sensibilizaram-na.

Depois disso, Sheila passou a aceitar que em breve teria que se separar de seu filho, e mesmo com o coração partido, confortava-a saber que Eduardo ficaria em ótimas mãos.

Houve um dia, no interior do refeitório de Ravensbruck, em que o médico Fritz Menneck, que raramente ia até lá, fitou Buber nos olhos como quem dizia: "você é o próximo". Buber não conseguiu mais almoçar: quando encontrou Rudolf, relatou-lhe o fato.

— Acho que isto não é bom... — Rudolf tinha o cenho franzido — Mas por que você foi encarar o homem?

— Acha mesmo que eu queria passar por aquilo? Foi ele quem me encarou.

— Não tema, meu amigo, porque o que tiver que acontecer, acontecerá, e tudo isso um dia nos ajudará a encararmos a vida de maneira diferente. Vamos ser fortes e contar com a ajuda de Deus para sairmos daqui vivos.

Na semana seguinte, Buber foi chamado para ir à enfermaria fazer exames complementares, sabendo que era apenas desculpa para o utilizarem como cobaia de alguma forma.

Dias depois, Buber, com a mão direita amputada e bastante traumatizado, retornava ao barracão, e de certa forma, aquela força invisível que o motivara a desejar a vingança contra o Brasil e que nascera dentro dele a partir do momento que firmara aquele pacto batizado com sangue, parecia tê-lo abandonado, em virtude de ter se tornado incapacitado para o trabalho exigido para todos os prisioneiros, e também por ter entrado para a lista dos que poderiam ser executados a qualquer momento.

Difícil seria esquecer o dia em que entrara na enfermaria, com mais nove prisioneiros também escolhidos por um grupo de ortopedistas de Berlim, que viera ao campo para a realização de experiências científicas, que mais tarde foram consideradas como as mais macabras já realizadas até então. Apenas quatro resistiram aos temíveis transplantes realizados naqueles experimentos, que lamentavelmente consistiam na troca de membros. Perna de um era implantada em outro. Braços e dedos eram amputados e reimplantados a fim de se observar o grau de rejeição. Chegavam até a trocar as cabeças dos prisioneiros.

Diante de tudo isso, Buber, sem saber o porquê, fora agraciado pela sorte de continuar vivo, e apenas sem uma das mãos.

CAPÍTULO 9

Clara Mendes saiu do campo de concentração de Lichtemburg no dia 6 de janeiro de 1943, e sua libertação foi registrada como caso raro na história do nazismo. A frente vermelha não falhou em conseguir sua liberdade, mas o que realmente intrigou a todos foi o fato de inexplicavelmente terem deixado Clara levar o pequeno Eduardo.

Clara nunca se esqueceria do dia em que Sheila Guiold lhe entregou o bebê: era como se ela estivesse lhe entregando a própria vida, e suas últimas palavras ficariam para sempre registradas na mente da amiga.

— Leve-o e ame-o. Porque, de agora em diante, ele é o seu filho.

— Mas, Sheila... parece que você não tem mais esperanças de sair daqui com vida.... Estou deixando meu endereço, e quando tudo acabar, você poderá reencontrá-lo.

Junto com Eduardo, Sheila havia lhe confiado um pacote com dezenas de cartas que ela escreveu dentro do campo e que estavam destinadas a Eduardo.

— Você precisa guardar essas cartas até que ele possa ler, Clara. Pode me prometer isso?

Era como se fosse o seu último pedido.

— Eu prometo minha amiga.

As cartas eram como a certidão de nascimento do bebê Eduardo: "a sua origem". E era muito importante para Sheila que estas chegassem às mãos do menino em uma época em que ele pudesse compreender o que ali estava escrito. Lendo-as, ele descobriria quem realmente era a sua verdadeira mãe, e o mais importante, elas mostravam claramente o que o menino deveria fazer quando fosse homem, o que deixava Clara muito assustada.

Os integrantes do grupo que ainda estavam vivos se perguntavam se realmente valia a pena pagar um preço tão alto pela vida. Todas as vezes em que olhavam para o que havia restado de suas próprias personalidades, o ódio pelo Brasil crescia ainda mais.

Durante o ano de 1943, as torturas e as sessões de choques elétricos passaram a ser efetuadas com muito mais frequência. Qualquer deslize que os prisioneiros cometessem, como derrubar um prato ou demonstrar fraqueza pela pouca alimentação que recebiam, resultava em espancamento, solitária e sessão de choque.

À noite em seu pavilhão, Richard passava horas orando a Deus para que a guerra acabasse. Às vezes acordava no meio da noite suando frio. Imaginava que estava longe dos portões de Ravensbruck, praticando sua justiça contra o país que lhe fora tão hostil. E estava determinado. Se sobrevivesse, iria sim, se vingar...

Para seu desespero, os poucos amigos que fizera no barracão em que estava haviam morrido. As experiências científicas não paravam, e Richard descobriu que alguns deles haviam tido os testículos arrancados para análises. As câmaras de gases e as fornalhas funcionavam a todo vapor; e era possível em dias claros, ver de longe a fumaça cinza acima do campo transportando as almas em direção às nuvens, rumo ao céu.

CAPÍTULO 10

No início do ano de 1944, os que chegavam ao campo traziam as primeiras informações de que a guerra estava por acabar. Prisioneiros de várias partes do mundo afirmavam que a dinastia de Adolf Hitler estava chegando ao fim, e que a rendição alemã era apenas uma questão de tempo; tempo esse que eles não tinham. A cada dia que passava, as mortes bárbaras aumentavam e os integrantes do pacto que ainda estavam vivos sabiam que estavam por um fio.

Clara Mendes havia voltado várias vezes a Lichtemburg na esperança de saber notícias de Sheila, mas nunca a deixaram falar com ela: na primeira vez, disseram que Sheila estava em tratamento na enfermaria e não permitiram sequer que ela deixasse algum recado. Na segunda vez, falaram que a moça havia sido transferida para outro campo, mas não informaram qual. Ela então passou a procurar em outros campos, nos presídios e até mesmo nas pequenas delegacias, mas nada adiantou. Decidiu então esperar, afinal Sheila tinha como localizá-la, estava com o seu endereço e só não faria isso se estivesse morta.

No final de 1944, os boatos passaram a fazer sentido; e para a alegria de todos, a persistência da Aliança Nacional-Libertadora e os simpatizantes envolvidos na cúpula do comunismo parecia finalmente produzir seus efeitos.

Depois de muitos anos de luta, Hitler começava a perder as forças, embora no mês de setembro de 1943 os alemães tivessem invadido o norte da Itália e Roma, conseguindo libertar Mussolini e fazendo com que o país se rendesse; em novembro do mesmo ano os Estados Unidos, a Grã-Bretanha e a URSS se reuniram em Teerã, no Irã, e iniciaram a 1ª Conferência de Cúpula dos Aliados. Depois disso, já em março de 1944, o Exército Vermelho entrou na Romênia e na Polônia, e no dia 4 de junho os americanos e os britânicos conseguiram entrar em Roma.

Era o começo de reversão. Tanto que o dia 6 de junho desse mesmo ano ficou sendo conhecido incondicionalmente como o "Dia D", pelo feito de os aliados conseguirem desembarcar na Noronha, ao norte da França. Foi também nesse ano que no dia 17 de julho o Brasil enviou o primeiro escalão da Força Expedicionária Brasileira (FEB), que embarcou para a Itália com 25.445 soldados; e com a suprema missão de aprisionar as tropas alemãs.

Tudo foi acontecendo de maneira simultânea, e dentro dos campos os prisioneiros em geral rezavam para Deus ajudar os aliados a conseguirem a vitória: as suas vidas dependiam disso.

E Deus ajudou. Logo em agosto os aliados desembarcaram no sul da França e dias depois, Paris foi libertada. Tentou-se no dia 5 de setembro libertar a Holanda, mas a tentativa foi infrutífera e frustrada, porém compensada pelo dia 11 do mesmo mês, quando os americanos e os britânicos iniciaram a invasão da própria Alemanha pela frente ocidental.

Como último esforço para conter a invasão dos aliados, os alemães lançaram em dezembro uma ofensiva em Ardennes, Bélgica, mas não foram bem-sucedidos: e já previam uma derrota iminente. Quando finalmente o ano de 1945 despontou, trouxe consigo a certeza de que o "Terceiro Reische" estava desmoronando: Hitler estava prestes a se render.

Já no mês de janeiro, a contraofensiva aliada conseguiu a vitória em Ardennes e na Yalta (Criméia, URSS). E Roosevelt, Churchill e Stálin realizaram uma conferência na qual se traçava a nova divisão do mundo pós-guerra.

Um dos primeiros campos de concentração a serem libertados foi o campo de extermínio de Auschwitz, na Polônia; quando as tropas do general soviético Zhukov tomaram Varsóvia. Daí por diante, as vitórias dos aliados foram constantes: em fevereiro 25 mil pessoas morreram em um bombardeio que arrasou Dresden, a leste da Alemanha; entre eles, a maior parte pertencia à população civil. Em março a FEB[4] tomou a fortaleza alemã de Monte Castelo, no vale do Pó: em abril conseguiu a vitória em Montese, e no mesmo mês, Mussolini e sua amante, Clara Petacci, foram fuzilados perto de Milão.

No dia 30, os soviéticos entram em Berlim. Hitler e sua mulher, Eva Braun, suicidaram-se no bunker da chancelaria, sem deixar explicações lógicas para a tamanha destruição que o fascista deixou no mundo.

O campo de Ravensbruck só foi libertado no começo de maio, pouco antes do dia 8, quando a Alemanha nazista finalmente se rendeu aos aliados; terminando com a guerra na Europa.

Rudolf Rupter, Buber e Richard conseguiram se manter vivos e saíram do campo com suas próprias forças, ao contrário de muitos, que saíram em cadeiras de rodas ou com auxílio de muletas.

---

[4] Força expedicionária Brasileira.

Naquele ano foram libertados ao todo mais de 60 mil prisioneiros de guerra, entre eles, judeus, comunistas, testemunhas de Jeová e fascistas: ao contrário dos que infelizmente não sobreviveram, como Domenick Sanches, Sheila Guiold, Ion Fritz Alambert, e mais de 200 mil pessoas inocentes.

PARTE 3

A HISTÓRIA

CAPÍTULO 11

O filho de Sheila cresceu no sudoeste de Berlim, na cidade de Bennburg, onde Clara Mendes tinha uma irmã, Ana Mendes. Foi na casa dela que Clara se abrigou quando saiu de Lichtemburg.

Bennburg era uma pequena cidade com pouco mais de 40 mil habitantes e a sua economia se baseava nas poucas fábricas de cimento e álcalis. Mais perto do rio Saale, que cortava a cidade ao meio, havia algumas pequenas máquinas agrícolas: fora isso, podia se dizer que havia poucas indústrias em Bennburg.

Clara e Eduardo, apesar de tudo, foram bem recebidos por Ana, que vivia com um alemão que era alcoólatra e tinha uma personalidade agressiva e frequentemente a agredia.

Sabendo que não poderia continuar morando na casa da irmã por muito tempo, Clara passou os últimos quatro anos juntando dinheiro. Já tinha quase o suficiente para realizar o seu grande sonho: morar nos Estados Unidos. Foi aí que Franco, o marido de Ana, começou a implicar com ela:

— Está na hora de pegarem o rumo! Já estão atrapalhando! Vieram para ficarem uns dias, e já faz quase um século: será que vão morar o resto da vida aqui?

Para Clara, isso fora a gota d'água, e imediatamente decidiu que teria que partir.

Não queria que Eduardo crescesse assistindo às brigas violentas entre Ana e seu marido; e, além disso, havia muitos outros motivos para ela deixar aquele país.

Ana procurou convencer Clara a mudar de ideia, afinal, também se apegara muito a Eduardo, mas nada do que disse adiantou. No dia seguinte, Clara Mendes e Eduardo deixaram a Alemanha.

CAPÍTULO 12

Nos Estados Unidos, Clara conseguiu um trabalho como vendedora em uma loja de discos na Broadway. Trabalhava no período da tarde, enquanto Eduardo ficava em uma creche.

Era um novo estilo de vida: Nova Iorque nada tinha a ver com a velha Alemanha, e desde que colocou os pés em território americano, Clara fez questão absoluta de deixar para trás todas as lembranças amargas; para ela, Lichtenburg e a própria guerra faziam parte do passado.

Eduardo era inteligente. "Herança da mãe", pensava Clara. Assim que entrou para a escola, e dedicou-se de tal maneira aos estudos, que todos se admiravam com seu grande desejo de aprender.

Aos seis anos já escrevia várias palavras; mas apesar de sua inteligência, jamais desconfiou que era filho adotivo. Com oito anos Eduardo gostava de passar o tempo livre lendo livros e ouvindo músicas de rock em sua estação preferida, a Street Rock; e considerava-se um legítimo americano. Era e seria um jovem normal, se não encontrasse as cartas...

Clara não tivera um único namorado sério desde que saíra da Alemanha. Às vezes saía com alguns clientes da loja, mas nunca se deixara envolver completamente. Reservava quase todo seu tempo livre a Eduardo: queria fazer dele um grande homem.

Clara passou muitas noites inteiras pensando no que poderia acontecer quando tivesse que contar a Eduardo toda a verdade. Ela havia prometido a Sheila que assim que ele aprendesse a ler e tivesse algum entendimento sobre a vida lhe entregaria as cartas e contaria tudo: mas agora, vendo Eduardo crescendo e se transformando em homem, ficava difícil cumprir a promessa. Embora conhecesse muito bem o filho adotivo, não sabia como seria a sua reação, e sempre dizia para si mesma: "ainda chegará o momento certo".

Todas as vezes que o garoto perguntava do pai, ela dizia que eles haviam se separado antes mesmo dele nascer, e que nunca mais o vira. Inventara essa história porque, na verdade, nem ela mesma sabia do verdadeiro destino do pai de Eduardo; e também, porque no fundo de seu coração, Clara não queria que o menino soubesse que era filho adotivo: tinha medo de perdê-lo.

Eduardo nunca compreendeu direito a versão que Clara sempre lhe contava, mas também ela nunca entrara em detalhes: sempre dava um jeito de fugir do assunto.

Quando completou 15 anos, Eduardo já estava quase terminando o ensino médio e Clara viu-se apaixonada por um cliente da loja. Já havia saído com o novo namorado, mas não pensou que seu coração chegasse ao ponto de querer se casar. Reservava-se ao máximo, e um dia se perguntou: por quê? Até quando?

Sentiu que precisava pensar em seu futuro: porque, de uma forma ou de outra, um dia Eduardo partiria, e isso era um fato que ela sabia, que mais cedo ou mais tarde, seria inevitável.

Clara decidiu que quando o filho completasse 16 anos lhe contaria tudo, mas, como nem tudo sempre sai como o planejado, logo depois de seu aniversário de 15 anos, Eduardo resolveu mexer nas coisas dela, atitude que não era de seu feitio. Mas naquele dia, parecia estar agindo movido por uma estranha intuição.

Resolveu ir até o guarda-roupa da mãe: quando abriu, avistou apenas um pedacinho da caixa, ainda meio que escondida.

Há algum tempo, ele havia perguntado à Clara qual era o conteúdo da caixa; e como resposta, percebera algo muito estranho em seus olhos. Em seguida, ela deu-lhe uma desculpa qualquer e nunca mais deixou que ele tocasse no assunto.

Como era curioso, nesse dia, Eduardo não se conteve, e ao abri-la, deparou-se com dezenas de cartas, várias fotos de uma linda mulher e de lugares que ele nunca vira antes.

No início ficou confuso, passou a se perguntar por que Clara guardava aquelas fotos. "Aquelas cartas". Quando leu uma delas, compreendeu tudo...

Meu querido filho,

Sinto que posso não tornar a vê-lo, e se assim o destino quiser, peço que me compreenda e, acima de tudo, me perdoe...

Só Deus sabe o quanto me dói ter que escrever esta carta, enquanto você dorme nesta prisão. Pensando em sua liberdade, não pude deixar de abrir mão do meu bem mais precioso: Você.

Te amo, Eduardo, e estarei te abençoando onde quer que eu esteja, e sempre que quiseres me encontrar, estarei nas estrelas do céu, e nos seus mais lindos sonhos. Tenho certeza de que serás um **grande** *homem.*

De sua mãe,
Sheila Guiold.

Em outras cartas, Sheila pedia ao filho que jamais deixasse de amar Clara: explicou com detalhes todo o auxílio que recebeu dela em Lichtemburg; e como era a vida lá dentro.

Eduardo não conteve as lágrimas. Chorou como nunca havia chorado antes, e com essa sua primeira grande dor, transformou-se em um verdadeiro homem. Leu todas aquelas folhas, uma a uma; e cada uma delas o distanciava ainda mais do menino de apenas 15 anos.

Passou o resto da tarde observando o retrato de Sheila: como era linda. Automaticamente se perguntou quando Clara Mendes lhe diria toda a verdade, mas por outro lado, compreendia que Clara não tinha culpa alguma, e se ela não lhe revelara antes, era porque o amava: por um momento, sentiu pena de Clara.

Ao contrário dos outros dias, Clara teve que bater na porta várias vezes antes que Eduardo atendesse, e antes mesmo que o filho a abrisse, uma súbita pontada atingiu o íntimo de sua alma. Por mais estranho que parecesse, ela havia deduzido o que tinha acontecido.

A primeira coisa que observou, no entanto, foram os olhos inchados de Eduardo:

— Mas por Deus, o que foi que aconteceu?

Eduardo não respondeu à pergunta: ao contrário disso, olhou bem nos olhos de Clara, e em seguida perguntou.

— Por que não me disse antes?

— Estou vendo que mexeu em minhas coisas, estou certa?

— A senhora não tinha o direito de me esconder isso tudo por tanto tempo.... Por quê?

Agora era tarde para arrependimentos. Clara precisava pensar e pensar rápido; pois o momento que ela tanto tentou adiar, agora havia chegado.

— Sei que é difícil para você entender, Eduardo, mas, se eu não contei antes, foi apenas por falta de coragem. Coloque-se em meu lugar e talvez assim você consiga me compreender.

— Mas o que pensou que eu poderia fazer? Deixar de amá-la? Confesso que fiquei um pouco triste por você ter escondido a verdade, mas isso não muda o que eu sinto por você, sempre vou te amar. Fico muito feliz em ouvir isso, meu filho. Vou lhe contar toda a verdade.

Eduardo então se sentou para ouvir a verdadeira história da sua descendência: sem ter ideia de como a sua vida se transformaria a partir daquele momento.

Prestava atenção em cada palavra, em cada detalhe. Só interrompia Clara quando não entendia alguma coisa. Queria saber tudo. Inclusive o porquê da lista. Quem eram aquelas pessoas e de onde eram aquelas fotos.

Foi uma longa conversa, de mãe para filho. Ela amava-o e não queria magoá-lo de forma alguma. Tinha que ter cuidado com as palavras, pois o que Clara menos queria era que Eduardo se fixasse no mesmo desejo de Sheila: que era justamente que um dia ele reunisse os membros da lista para cumprirem o pacto de vingança feito ainda no Brasil.

Depois de mais de duas horas de conversa, Eduardo levantou-se, foi até a janela, pensou por alguns minutos, e tudo o que disse foi:

— Então a culpa é do governo brasileiro.

Eduardo agora compreendia por que todas as vezes que perguntava do pai, nunca obtinha uma resposta satisfatória. Aquela história de separação nunca fizera sentido, e ele sempre havia pressentido que algo definitivamente não se encaixava.

Eduardo tirou um pequeno pedaço de papel do bolso, depois, com ar de interrogação, perguntou:

— E as pessoas desta lista? Quantos ainda estão vivos?

Clara foi tomada por um sentimento de medo. Procurou se acalmar, e compreendeu que havia muita distância entre o velho desejo de Sheila e a realidade de Eduardo, com 15 anos, morando nos Estados Unidos. Como ela estava demorando para responder ele perguntou novamente.

— Então, mãe. Quantos estão vivos?

— Tenho certeza de que Domennick Sanches e Ion Fritz Alambert, irmão de Buber, estão mortos. Eu vi o nome deles na relação das pessoas que morreram nos campos de concentração, agora, quanto aos outros, não tenho como lhe dizer. — Clara fitou-o por um momento — Não está pensando em procurá-los? Ou está?

Com os olhos fixos na lista, Eduardo respondeu:

— Não. Estou pensando apenas que devo aprender o português.

De alguma forma, Clara soube que a partir daquele momento, a vida do filho passaria a tomar outro rumo, que certamente não tomaria se ele continuasse sem saber de sua verdadeira história.

CAPÍTULO 13

Eles enfrentaram a miséria pós-guerra, lutaram como verdadeiros guerreiros, e apesar de ambos terem sofrido, Buber era o que sentia mais tristeza e rancor em seu coração: perdera não somente a mão direita, mas também o irmão.

Buber casou-se um ano depois de sua libertação, na própria cidade de Berlim. Quando saiu de Ravensbruck, ele e Rudolf Rupert fizeram de tudo para localizar os companheiros, mas não conseguiram.

Encontraram os nomes de Domenick Sanches e o de Sheila Guiold na listagem dos falecidos que fora exposta ao público quando o Exército do Comando Vermelho decretou que todos os campos deveriam ser invadidos e libertos; mas quanto a Richard e Ion não tiveram notícias. Foram dados como mortos ou desaparecidos.

Rudolf não perdia as esperanças; dizia que eles ainda poderiam estar vivos em algum lugar. Buber, porém, sabia que essa hipótese estava longe de ser verdadeira, pois milhares de pessoas foram dadas como desaparecidas entre o ano de 1940 e 1945. A maioria vítimas das câmaras de gazes durante a guerra.

Algum tempo depois, Buber conseguiu um emprego de porteiro em um edifício de advocacia no centro de Berlim. Sua esposa, Raquel Strobel, era uma mulher adorável e acima de tudo muito bonita. Quando Buber a conheceu, percebeu no mesmo instante que estava diante da mulher de sua vida e que ela seria a sua esposa.

Casaram-se dois meses depois do primeiro encontro: parecia que "Deus" o estava recompensando por todo o sofrimento que havia passado quando estava preso.

Era alta, loira, seus olhos eram negros e com um brilho encantador. Seu rosto irradiava uma beleza fascinante; uma beleza típica das mulheres irlandesas. Apesar de seu gênio forte, tinha um coração de ouro. Era amável e sincera, características que encantaram Buber.

Quando conheceu Buber, Raquel estava sozinha há mais de dois anos na Alemanha. Filha única de um casal irlandês, havia deixado o país para trabalhar como secretária de um antigo amigo de seu pai. Como não tinha muitas alternativas na Irlanda, não pensou duas vezes em deixar o seu país de origem.

Rudolf Rupert, mesmo infectado pelo vírus da tuberculose, ainda viveu por mais dois anos, e tudo o que disse a Buber antes de fechar os olhos, foi:

— Vingue-se por mim.

E Buber prometeu:

— Eu me vingarei...

Todas as vezes que tocava no assunto do pacto com sua esposa, ela sentia um medo extremo e sempre o aconselhava a esquecer o passado, mas tudo que dizia não adiantava. Buber realmente estava determinado a fazer aquilo; não apenas por Rudolf, mas também por seus amigos, seu irmão, e pela falta de sua mão.

As forças do universo pareciam conspirar a favor de Buber, e as coisas começaram a acontecer. Logo que começou a trabalhar, conheceu Tom Carssom, um brilhante advogado que trabalhava no quinto andar do edifício em que ele era porteiro. Era um homem de meia-idade, inteligente, que aparentava estar na faixa dos 30 e poucos anos. Além de possuir um corpo levemente musculoso, seu robe era praticar exercícios físicos.

Quando era criança, Carssom pretendia ser médico, até o dia que seu irmão acabou sendo preso e condenado por falta de um bom advogado: a partir daí, decidiu estudar Direito. Era um homem justo e com o coração de ouro; quando viu Buber pela primeira vez com a mão amputada, sentiu que poderia ajudá-lo.

— Onde foi que perdeu sua mão?

— No campo de Ravensbruck.

Buber só respondeu à pergunta por tratar-se de alguém que trabalhava ali. Na verdade, passou a odiar essa pergunta; pois já a tinha respondido inúmeras vezes.

— E há quanto tempo?

Buber ficou nervoso.

— Cerca de um ano e meio. — passou a sentir que o homem a sua frente estava com pena, e ele detestava isso.

— Mas já entrou com algum processo judicial?

Isso nunca havia passado pela sua cabeça.

— Não

— Já procurou algum advogado?

O assunto passou a lhe interessar.

— Não. — Buber olhou-o nos olhos — Eu não tenho dinheiro, e sei que esse assunto é um tanto complicado.

Carssom olhou para seu relógio.

— Está na minha hora, tenho que visitar um cliente. Mas conversaremos sobre isso na hora do almoço.

— Para mim está ótimo!

Sem que pudessem imaginar, aquela conversa mudaria completamente o rumo de suas vidas.

Buber ficara ansioso, mas somente no dia seguinte, quando voltaram a conversar, Carssom convenceu Buber a entrar com uma ação na justiça, deduzindo com antecedência que poderiam ganhar a causa. Primeiro, porque ele tinha certas influências, e também por se tratar de um caso justo ao seu parecer.

— Só tem um problema — avisou Carssom — Isso tudo pode demorar um bom tempo.

— E como pagarei pelos seus serviços

— Só me pagará, se ganharmos a causa.

— Então, estamos combinados. Ficarei esperando.

Quando nasceu seu primeiro filho, ao qual deu o nome de Jimmy Fritz Alambert, Buber ergueu-o nos braços, olhou para Raquel e, diante da parteira, disse:

— Esse será o meu herdeiro.... Herdará toda minha riqueza e todos os meus sentimentos. Em seguida, beijou-o.

A parteira não conseguiu entender nada.

— Falando assim, até parece que você é milionário! Ainda não sou. Mas serei, e lhe digo mais: logo terá que voltar a esta casa para auxiliar minha mulher no nascimento de meu segundo herdeiro.

Raquel Estrobel sorriu.

— Mas não tão logo assim! Afinal não sou de ferro...

Buber olhou-a atentamente:

— Mas é de ouro — disse ele.

Raquel Strobel considerava-se feliz. Estava casada com um marido ao qual amava, e agora seria mãe. A única coisa que a preocupava era o fato de Buber não desistir e estar determinado a realizar aquela vingança. Quando havia engravidado, esperava que ele desistisse daquela loucura, mas às vezes o pegava sozinho, sentado na cama, lendo aquela lista.

Para tentar convencê-lo de que nada que ele fizesse mudaria o que já havia acontecido, usava todos os argumentos possíveis, mas ele parecia irredutível.

O que mais o preocupava, no entanto, era que, se Carssom falhasse e não conseguisse ganhar a causa que tramitava na justiça já há algum tempo, não poderia realizar o sonho de riqueza e poder que havia se instalado nele.

Quando Raquel o encontrava triste, pensativo, tentava consolá-lo: lembre-se que você é um guerreiro e também um herói, por ter sobrevivido por tantos anos às torturas daqueles campos de concentração em que esteve.

E era justamente nesses momentos que ele compreendia o quanto Deus havia sido generoso com ele permitindo que conhecesse Raquel, e exatamente por esse motivo, por muitas vezes chegava a pensar em desistir da vingança para não a magoar; mas quando se lembrava do sofrimento que passou e das palavras de Rudolf antes de morrer: *"vingue-se por mim"*, sentia que a sua vida agora exigia o cumprimento daquele pacto.

Quando Carssom voltou a visitá-lo, novamente lhe deu esperanças de que as coisas realmente poderiam mudar, e mudar para melhor.

CAPÍTULO 14

Richard Brennt Shour nunca mais fora o mesmo homem. Passou a enxergar o mundo com os olhos de quem havia sofrido muito, e quando foi libertado do campo de Ravensbruck, não conseguiu saber o que havia acontecido com os outros, deduzindo que estavam mortos.

Antes de conhecer os outros cinco membros do grupo, Richard perambulava pelas ruas de Berlim, e nessa época tinha apenas dez anos de idade. Sua mãe e seu pai haviam morrido em um acidente de carro, deixando-o órfão aos oito anos. Desde então, fugiu da casa da tia e foi para as ruas; não suportava aceitar a ideia de morar na casa da tia, e para ele não havia mais motivos para ter uma casa. Foi assim que ainda na juventude começou a compreender que tudo na vida tinha o seu preço.

Nas ruas de Berlim foi obrigado a sobreviver, cuidando de carros, vendendo jornais e engraxando sapatos, era muito inteligente e nunca andava pelas ruas à noite; sabia que se os policiais o apanhassem após o toque de recolher, perderia sua liberdade, assim como havia perdido seus pais. Richard sempre teve a mente aberta, e nunca aceitou o regime político adotado pela Alemanha, e decidiu logo cedo que lutaria contra aquilo enquanto vivesse.

Começou a ajudar os grupos comunistas entregando correspondências e distribuindo panfletos; às vezes ficava de espião, para avisar quando a polícia estava chegando.

Aos 13 anos livrou três pessoas de serem presas no edifício que era usado para reuniões pelos jovens comunistas do comitê recém-criado da Frente Vermelha. Richard conseguiu avisar a tempo que os soldados estavam chegando, e todos conseguiram escapar, graças a ele.

Mais tarde o comitê da Frente Vermelha passou a ser conhecido em todo o país como a Rot-Front (juventude comunista) e as três pessoas que ele salvara aquele dia, passaram a fazer parte de sua vida. Essas pessoas eram: Ion Fritz Alambert, Rudolf Rupert, e Sheila Ghiold. E logo depois conheceu os outros membros, formando assim uma família. E para ele, aquelas pessoas passaram realmente a substituir a verdadeira família que ele havia perdido.

Com o passar dos anos, foi se tornando um homem cada vez mais bonito. Era moreno, com os olhos levemente azuis. Não era nem um pouco musculoso, mas em seu rosto se refletia uma certa paz, um certo brilho. Andava sempre com o cabelo curto e procurava arrumar-se de acordo com o bom estilo da época. Depois que entrou definitivamente para o comitê da Frente Vermelha, os anos voaram, e sua inteligência contribuiu de maneira geral para o progresso da Rot-Front: tanto que alguns anos depois, após reunirem milhares de jovens e incentivá-los a lutar por seus ideais, o cerco policial começou a apertar de tal maneira que foram obrigados a planejarem uma fuga do país.

Um ano antes de deixarem a Alemanha, os membros do comitê decidiram que se refugiariam no Brasil e começaram a se preparar: os que não sabiam falar a língua portuguesa passaram a frequentar aulas particulares com professores formados e que integravam a Rot-Front.

Assim que foi libertado do campo de concentração, teve conhecimento de que um grupo de pessoas iria tentar a sorte trabalhando em uma cidade ao norte, e decidiu entrar em um comboio que estava partindo para Ruchitr.

Os organizadores do comboio prometiam um salário justo e lugar para se alojarem e se alimentarem, porém quando o comboio chegou a seu destino, ele descobriu que teria uma nova batalha pela frente: a de sobreviver à miséria pós-guerra. Com a rendição alemã, o país entrou em crise, e com a economia defasada, os patrões não podiam pagar bem seus funcionários, o que tornava as coisas muito mais difíceis.

Como não tinha alternativa, começou a trabalhar em uma das serrarias da pequena cidade, que não passava dos 40 mil habitantes. No começo foi muito difícil; trabalhava basicamente pelo alojamento e pela alimentação, mas com o passar do tempo as coisas aos poucos foram melhorando. Começou a ganhar mais e passou a guardar dinheiro, o que contribuiu para aumentar o seu ânimo.

À noite, passava horas pensando em quando ainda era garoto. Lembrava-se claramente dos sapatos que engraxara e dos carros que cuidara; e sem que pudesse evitar, um turbilhão de pensamentos adversos acabava por tirar-lhe o sono.

Quando se olhava no espelho percebia o quanto estava mudado. Mas apesar de tantas mudanças, seu rosto continuava com o mesmo brilho, a mesma paz; apenas os seus olhos azuis já não brilhavam tanto como antes.

No inverno de 1948, Richard conseguiu comprar uma casa perto da serraria em que trabalhava, as coisas estavam indo bem, e ele até achou que conseguira esquecer todo aquele passado de sofrimento.

Foi aí que começaram os pesadelos. Primeiro uma ou duas vezes por semana, depois com mais frequência, até chegar ao ponto de não conseguir mais ter uma noite de sono tranquila. Uma hora se via entrando em uma das câmaras de gazes que mataram seus amigos; outra estava sentado em uma cadeira elétrica, virava para o lado e ouvia:

— Tem que morrer! Pessoas como vocês não podem ficar vivas. Olhe para mim enquanto abaixo a alavanca — dizia o soldado.

Quando a alavanca baixava, Richard acordava no meio da noite suando frio, e não conseguia mais voltar a dormir. Foi a partir desse inverno que ele nunca mais teve paz.

Durante esse período de tempo, fizera pouquíssimos amigos, e acabou tornando-se um homem fechado. A única pessoa com quem mais conversava era Rodolfo Wilfried, com o qual dividira o alojamento quando chegaram a Ruchitir: Rodolfo era três anos mais velho que Richard; após ter sido deportado da Polônia decidiu recomeçar sua vida ali mesmo: e foi justamente para Rodolfo que Richard resolveu contar sobre o pacto.

Após ouvi-lo atentamente, ele ficara abismado com a história do amigo, e chegou à conclusão de que deveria tentar persuadi-lo a desistir daquela ideia de um dia cumprir aquela promessa, e que talvez o que estava faltando para o amigo era uma companheira.

— Você está precisando de uma mulher! Já pensou em se casar?

A pergunta pegou-o de surpresa.

A partir daí Richard passou a pensar de maneira diferente; talvez Rodolfo estivesse certo; pois com uma família poderia voltar a ter alguma perspectiva além daquele ardente desejo de vingança que o acompanhava. Um tempo depois confessou ao amigo.

— É isso que eu quero. Deixar filhos no mundo, povoar a terra com meu sangue, amar e ser amado — confessou Rodolfo, empolgado — O ser humano só se completa quando se une a outro ser humano, por um longo tempo havia me esquecido disso Richard

No fundo, ele sentia-se solitário, e com uma esposa ao seu lado com certeza seria mais fácil esquecer os tormentos do passado e até quem sabe se livrar dos terríveis pesadelos.

CAPÍTULO 15

Buber passou a ter certeza de que o universo estava conspirando ao seu favo quando recebeu a notícia de que finalmente havia ganhado a causa. Aquela vitória significava tanto para ele quanto ter encontrado o Santo Graal.

— Gastei quase todas as minhas energias nesse processo, Buber, mas, como não costumo falhar com minhas promessas... — Carssom fez uma pausa, e saboreando a ansiedade do amigo, proferiu a vibrante palavra mágica — Conseguimos!

Os olhos de Buber brilharam de uma maneira que nunca havia brilhado antes, e sentindo uma estranha euforia, percebeu que daquele momento em diante, tudo seria diferente, pois ele poderia realizar todos os seus sonhos.

Carssom continuou:

— É melhor você se preparar, meu amigo... A partir de agora, você é um homem rico.

— Finalmente Deus ouviu as minhas orações! Serei eternamente grato a Ele e a você, Carssom.

— Sou um advogado, luto para fazer justiça — Carssom calou-se por alguns instantes, depois sorriu acrescentando — Agora poderá dar um jeito em sua mão.... Com tanto dinheiro, encontrará uma maneira. Já ouviu falar em mão mecânica?

Buber olhou para seu braço. Era horrível saber que a sua mão não estava ali. Depois comentou:

— Com certeza darei um jeito nisso, mas primeiro preciso pensar em como multiplicar esse dinheiro. Afinal nunca mais pretendo voltar a ser pobre.

A primeira coisa que Raquel disse ao ficar sabendo da notícia foi:

— Só espero que não esteja pensando naquele plano de vingança.... Com todo esse dinheiro podemos ser muito felizes e começar uma vida completamente nova.

Buber sorriu.

— Com certeza, minha querida, farei de você e de Jimmy as pessoas mais felizes desse mundo.

Raquel Strobel sentiu nesse momento uma enorme alegria dentro de si, e por alguns segundos acreditou ser uma mulher de muita sorte por ter conhecido Buber: ela realmente o amava e não tinha dúvidas de que ele a faria feliz. No entanto o que a incomodava era o medo de que ele viesse a cumprir aquele pacto absurdo, e se isso acontecesse, poderia estragar tudo.

Antes de adormecer naquela noite, ele pensou muito sobre o que fazer dali para frente; e depois de muito refletir, chegou a uma conclusão: não magoaria sua mulher de maneira alguma, e por essa razão decidiu que por enquanto deixaria aquele plano de vingança de lado. Mas somente por enquanto.

Durante os dias que se seguiram, Buber não pensou em outra coisa além de como iria investir o capital que agora possuía. Ele e Raquel chegaram a perder algumas noites de sono para encontrarem a melhor maneira de empregarem o dinheiro.

— Devemos investir em algum tipo de comércio que esteja em fase de expansão

— E que tipo de comércio seria este? — perguntou Raquel.

Buber colocou-se de pé.

— Carssom sugeriu que abríssemos uma distribuidora de bebidas para atender a demanda das grandes redes de supermercados que estão se instalando em nosso país, parece ser uma boa forma de investimento.

— Talvez ele tenha razão! — disse Raquel — Parece ser uma boa forma de investimento.

— Sim — confirmou Buber.

Cinco anos depois, a Alambert Distribuidora de Bebidas, como fora batizada, já contava com três filiais em Berlim, Tonny Carssom, dês do começo ajudou na administração dos negócios e passou a ser o seu braço direito.

Quando Jimmy completou três anos de idade, Buber levantou-o nos braços e voltou a repetir as mesmas palavras que disse quando ele nasceu:

— Prepare-se, meu filho! Você será o meu herdeiro... não somente do nosso império, mas também dos meus sentimentos.

Nesse momento ele foi interrompido.

— Espero que não esteja se referindo àquela vingança, não quero nosso filho envolvido nisso. Espero também que tenha deixado isso no passado.

— Sim, minha querida, pode ficar tranquila, não penso mais nisso.

Raquel olhou firme para Buber, e pode ver no brilho de seus olhos que ele estava mentindo.

CAPÍTULO 16

Eduardo Mendes Guiold era agora um homem. Estava com 20 anos e, de alguma forma, o conteúdo daquelas cartas escritas ainda dentro do campo de concentração havia servido como instrumento de formatação ideológica na vida dele. Se Clara pudesse voltar ao tempo, com certeza mudaria os fatos queimando-as para evitar que ele viesse saber a verdade sobre sua mãe e os fatos que a levaram a prisão.

Aos poucos o conteúdo das cartas foram mudando sua maneira de pensar e suas atitudes, após saber de tudo, do sofrimento que sua mãe passara e do pacto que haviam feito para se vingarem do Brasil ele matriculou-se em uma escola particular de línguas, e um ano e meio depois já falava o português com uma desenvoltura que impressionou até mesmo os professores.

Começou a trabalhar e a guardar dinheiro. Deixou de se interessar pelos estudos e desistiu da ideia de ir para uma faculdade. Queria atingir o seu objetivo o quanto antes: havia prometido a si mesmo que conheceria o Brasil assim que completasse 20 anos e agora estava pronto.

Clara sempre lhe aconselhava:

— Você tem que parar com isso. Não pode deixar essa ideia se transformar em obsessão.

E Eduardo sempre respondia:

— Não estou obcecado, apenas quero conhecer o Brasil.

— Mas para quê? Na sua idade deveria estar pensando em seu futuro, em sua vida profissional; afinal nada poderá mudar o que aconteceu.

— Não pretendo mudar o passado. Apenas quero fazer o que a minha verdadeira mãe desejava que eu fizesse.

— Mas isso não tem lógica. Não posso deixar você fazer isso!

Quando conversavam sobre esse assunto, Eduardo sempre a olhava atentamente, depois argumentava.

— Não há como mudar o que sinto. Está dentro de mim, e é mais forte do que a senhora pode imaginar.

A última coisa que ele queria fazer no mundo era magoar Clara, mas nem ele mesmo sabia o porquê daquele desejo ser tão forte dentro dele.

Clara havia se casado quando Eduardo estavas prestes a completar 18 anos, Aírton Félix fora o único homem que conseguiu cativar o coração de Clara. Depois de sair algumas vezes com ele, viu-se apaixonada, e em menos de um ano de namoro resolveram unir suas vidas: Eduardo aprovou essa união. Precisava de alguém para cuidar da mãe quando partisse; e Félix parecia ser a pessoa ideal.

Dono de uma revendedora de automóveis, desquitado há mais de cinco anos, Félix fazia o tipo solteirão sedutor.

Era alto, loiro e tinha o corpo em boas condições físicas. O rosto trazia traços fortes e olhos de um verde intenso. Apaixonou-se de tal maneira por Clara que a tratava como uma verdadeira rainha, e fazia de tudo para agradar a Eduardo.

— Se quiser, posso lhe arrumar um emprego em minha loja. Assim pode começar a guardar dinheiro — disse Félix a Eduardo.

Era tudo o que ele queria: guardar dinheiro.

No final das contas, Félix saiu-se um ótimo padrasto e um excelente marido. Eduardo sentiu-se tão feliz quanto Clara; pois sabia que ela ficaria em boas mãos.

Agora que estava prestes a embarcar para o Brasil, começou a lhe bater uma dúvida: será que deveria mesmo abandonar tudo e seguir aquele caminho?

Estava com 20 anos, tinha toda a vida pela frente, e sabia que se fosse para o Brasil iria com o objetivo de cumprir a velha promessa. Cada vez que refletia sobre o assunto, mais se obstinava.

Depois de muito tempo pensand0, Eduardo concluiu que não se tratava de obsessão, e sim de incorporação. Depois de ler e reler centenas de vezes aquelas cartas, de estudar aquelas fotos e aquela lista que continha o nome de sua mãe marcado com sangue, passou a aceitar que sua vida dependia daquilo; como uma missão a ser cumprida. E então Eduardo descobriu que as cartas haviam se incorporado a ele, e ele a elas.

De vez em quando, Félix tinha longas conversas com o rapaz; conversavam sobre a vida, sobre o futuro, e também sobre o passado. Eduardo não se abria muito em relação a seus planos, sabia que o padrasto também achava que aquilo era loucura. Preferia manter-se calado, mas às vezes não conseguia. Depois das longas conversas, Félix refletia por algum tempo sobre o que haviam conversado e sempre chegava à conclusão de que Eduardo era muito inteligente e sabia muito bem o que queria da vida; e isso lhe o preocupava. Um dia disse a ele:

— O Brasil é um país de terceiro mundo. Apesar de ser subdesenvolvido, enfrenta muitos problemas econômicos. Não é como aqui. Entende?

Eduardo entendia, mas não acatava os conselhos de Félix e Clara. Havia uma força que, independentemente de sua vontade, dominava-o.

Apesar de todas as dúvidas e medos, no ano de 1964 Eduardo deixou os Estados Unidos.

CAPÍTULO 17

A grande São Paulo pulsava em consequência da agitação provocada por um turbilhão de pessoas oriundas de várias nacionalidades, de várias raças e de várias crenças. A cidade estava se aproximando dos 4 milhões de habitantes naquela época e com uma economia forte; 60% da população encontrava-se empregada no setor terciário.

O regime político apresentava situações críticas: a ascensão do comunismo parecia inevitável e os comunistas estavam fortemente estabelecidos na administração federal. A infiltração dos esquerdistas nas forças armadas era vigiada pelo governo, e os poucos heróis que lutaram pelo país e conseguiram sobreviver, como Luís Carlos Prestes, — "cuja mulher, Olga Benário Prestes, morreu nas câmaras de gazes da cidade alemã de Bernburg, na Páscoa de 1942" — continuavam fiéis à militância iniciada em 1943, que nascera com o ideal de buscar aglutinar um conjunto de forças capazes de esboçar uma situação pré-revolucionária para tentar mudar o governo.

Eduardo chegou bem na época em que o Brasil enfrentava grandes mudanças, e logo que desembarcou na grande são Paulo, sentiu-se como um verdadeiro peixe fora d'água.

Ainda tinha muito que aprender sobre o país. O que Eduardo mais precisava agora era de estabilidade, pois esperava que todo o resto devagarinho fosse se encaminhado de acordo com os seus planos; que era cumprir o pacto de se vingar do Brasil, pela deportação de sua legítima mãe.

É claro que Eduardo sabia que Getúlio Vargas tinha se suicidado em 1954, depois de deixar uma grande influência em toda a América do Sul. Quando estudou a biografia do político e ditador brasileiro, Eduardo compreendeu que acima de tudo Getúlio tinha sido um grande homem e que realizara no decorrer de sua vida grandes feitos.

Descobriu que ele nasceu em São Borja no estado do Rio Grande do Sul, em 19 de abril de 1883, e apesar de ter compactuado com a Gestapo e o próprio Hitler na época da Revolução de 1935 no Brasil, foi ele também o responsável pela Revolução de 1930. Criou os ministérios do trabalho, da educação, da saúde e da Aeronáutica; na sua gestão iniciou-se a reforma do ensino, criou o Instituto Brasileiro de Geografia e Estatística e além de tudo, tinha sido Getúlio, o criador das leis que apoiavam a grande massa de trabalhadores que impulsionou o setor industrial no país. Ele inaugurou a usina de Volta Redonda e a Fábrica Nacional de Motores: ficou mais de 18 anos no poder e foi o fundador da Companhia do Vale do Rio Doce. Foi também membro da Academia Brasileira de Letras e ainda escreveu um livro sobre A Nova Política no Brasil. Em 1945. Getúlio foi deposto da presidência e passou a exercer a função de senador do Rio Grande do Sul retornando à presidência em 1951. Três anos depois, foi intimado a renunciar ao cargo pelas Forças Armadas. Depois disso, por motivos ignorados, ele veio a se suicidar.

Eduardo nunca acreditou nessa versão que a imprensa e o mundo insistiam em contar: para ele, tanto Getúlio como Hitler haviam sidos assassinados.

Entre seus pertences, estavam as cartas e a velha lista, com aquela gota de sangue que o intrigava cada vez que a observava. E aqueles nomes; embora estivesse ciente de que seria muito difícil encontrar aquelas pessoas, algum tipo de instinto lhe induzia a acreditar que um dia aquele encontro seria possível.

E entre aquele pacote de cartas estavam também as fotos, que Sheila Guiold havia tirado enquanto permaneceu em São Paulo, e para completar a alegria de Eduardo, ele encontrara o endereço em que ela e sua amiga Domenick haviam morado por quase um ano antes de serem deportadas.

Eduardo foi direto ao velho endereço. Queria saber se a casa ainda existia, para, talvez, conseguir chegar um pouco mais perto do modo que a sua legítima mãe havia vivido no Brasil.

Ele nunca perdoaria o que havia acontecido, porém não culpava Deus, porque, afinal, acabava por compreender que se o Supremo havia deixado que tudo aquilo acontecesse, era porque certamente deveria haver algum motivo: motivo este que talvez em algum momento de sua vida, ele pudesse vir a compreender.

Algumas horas após ter chegado ao país, encontrava-se diante do número 222 da Rua Augusta, próximo à Avenida Paulista. Porém, ao invés de encontrar a casa igual à que constava em uma das fotos ele deparou-se com um enorme edifício de aproximadamente 15 andares; e todas as suas expetativas de ver a velha casa de madeira se desmoronaram.

CAPÍTULO 18

Triste e desapontado, começou a caminhar pelas ruas do centro de São Paulo. Logo se deu conta que poderia estar caminhando nas mesmas ruas em que sua mãe havia caminhado; e isso lhe proporcionou um certo contentamento. Algum tempo depois avistou uma praça e procurou um banco para se sentar. Estava na Praça da República, uma das principais da cidade; procurou reanimar-se, e analisando a situação chegou a pensar em desistir; estava sozinho em uma grande cidade, sentindo-se deslocado em um país distante, a milhas e milhas distante de sua casa.

Decidiu procurar uma pensão; já estava ficando tarde e ele precisava se alimentar e dormir. Sentia-se extremamente cansado.

Após algum tempo procurando, conseguiu encontrar a pensão da tia Marta, uma das mais humildes e aconchegantes que havia na cidade.

Era a sua primeira noite em São Paulo.

Dona Marta era uma mulher de estatura média, com pouco mais de 40 anos, tinha uma feição linda. Era morena, de olhos castanhos e administrava a velha pensão há mais de dez anos: tinha duas filhas, e depois que havia perdido seu marido, nunca mais se casara.

Sua filha mais velha tinha 15 anos; herdara os traços da mãe, inclusive os olhos castanhos. Denise era três anos mais velha que Anita, a caçula que morava com a avó. Ao contrário de Anita, Denise adorava ajudar a mãe na pensão. Passava todas as tardes atendendo aos hospedes que frequentemente entravam e saiam do local.

Quando Eduardo a viu pela primeira vez sentiu um frio na barriga, Denise era linda.

No dia seguinte ele começou a procurar emprego em lojas e lanchonetes, e depois passou para as grandes construtoras: tinha pressa em conseguir trabalho, porque, afinal, o dinheiro que trouxera não duraria para sempre.

Um mês depois, ainda desempregado, Eduardo conheceu Alex Júnior, um jovem que também se hospedara na pensão da Dona Marta.

Alex era loiro e tinha os cabelos compridos, quase até os ombros. Possuía o corpo físico de um atleta, pesava 72 quilos e tinha 1,70 m de altura.

Seu rosto era formado por traços fortes. Tinha duas pequenas cicatrizes no lado direito aparentando serem cortes de faca, mas que se tornavam irrelevantes diante do brilho intenso dos seus olhos castanhos. Quando Eduardo o viu pela primeira vez se perguntou se ele não teria dificuldades para conseguir emprego usando o cabelo daquele tamanho.

Depois de conhecê-lo melhor, Eduardo descobriu que Alex não precisava trabalhar.

— Sabe quantos meses leva para um homem ganhar o que eu ganho em apenas uma noite, meu jovem?

Eduardo respondeu que não.

— Depende de quanto ele ganha por mês! — afirmou Alex.

Eduardo não gostou e perguntou:

— Fale sério. Como ganha a vida, se não trabalha?

Alex observou Eduardo cuidadosamente. Depois disse:

— Saia comigo esta noite e descobrirá.

Após pensar por alguns instantes ele respondeu.

— Okay! Sairei com você esta noite.... Mas veja bem.... Não posso me meter com a polícia.

— Então, temos alguma coisa em comum — disse Alex.

Naquela tarde, Eduardo aproveitou para fazer uma reflexão sobre sua vida. Estava em busca de encontrar uma solução para a angústia que começava a lhe devorar por dentro, além da saudade que estava sentindo de Clara e da vida que deixara para trás no seu país. Sabia que não podia permitir ser derrotado por seus próprios sentimentos para não se desviar do seu verdadeiro objetivo.

Mas agora esse objetivo passou a tornar-se questionável. O que deveria fazer? Causar uma tragédia no Brasil para vingar sua mãe? Tornar-se um anarquista em plena década de 60 e provocar uma reviravolta na política? Ou simplesmente constituir uma família, ter filhos e viver como o resto dos simples mortais, que nunca realizam os seus maiores sonhos?

No estágio da vida em que se encontrava, seu destino era incerto. Estava com um profundo medo do futuro e o que realmente o preocupava era que ele sabia que todo o restante de sua vida dependeria das ações que realizasse naquele presente em que estava vivendo.

Depois de muita reflexão, achou que deveria voltar para a pensão. Já estava quase na hora de sair com o misterioso Alex.

Antes mesmo que se levantasse, dois meninos sentaram-se no mesmo banco em que ele se encontrava, um de cada lado, deixando-o no meio. Um tinha aparência de ter uns 15 anos, e o outro parecia ser um pouco mais velho: ambos estavam sujos. A primeira impressão que Eduardo teve é que eram meninos de rua. "Acho que vão me pedir um trocado".

— Muito bem! — disse um deles — Passe a sua carteira e todo o dinheiro que tem nos bolsos. — enquanto falava, seu comparsa pressionava um pequeno revólver calibre 22 em sua cintura — Não vai querer morrer por alguns míseros trocados, vai?

Eduardo ficou imóvel, sentindo um frio que lhe subia pela coluna dorsal. Não sabia o que fazer, tudo estava acontecendo tão rápido que nem mesmo parecia ser verdade.

No momento em que ia falar, ouviu o barulho da arma sendo engatilhada pelo rapaz da esquerda.

— Tenham calma. — pediu Eduardo — Não tenho muito dinheiro. — olhou para os garotos — Mas podem levar o que eu tenho.

— E de quanto estamos falando? Mostre a carteira.

Ele não tinha alternativa a não ser fazer o que estavam lhe ordenando.

Ao colocar a mão para trás para pegar a carteira, a arma foi pressionada ainda mais.

— Devagar! — disse um deles.

Eduardo pegou-a na mão e disse:

— Aqui está. Mas me deixem os documentos.

Havia muitas pessoas caminhando na praça àquela hora. Algumas passavam bem a sua frente, mas nada podia se perceber.

O que estava a sua direita pegou a carteira e a abriu, deparando-se com 250 dólares e dois mil cruzeiros.

— Olha só o que temos aqui, Cristal! Parece que estamos com sorte! — o outro, que estava com a arma, arregalou os olhos — São dólares! Ele deve ter muito mais.

Além dos dólares, havia apenas documentos e alguns papéis, aos quais foram todos revirados.

Como não achou mais nada, o garoto enfureceu-se:

— Cadê o resto da grana? Mostre logo o resto dos dólares ou o Cristal ali vai ser obrigado a lhe deixar paralítico para o resto da vida. Não é mesmo, Cristal?

— É isso aí! E é melhor não enganar a gente. — o garoto olhou-o nos olhos. — Sabemos que você tem mais.

A expressão no rosto de Eduardo agora era assustadora. Sentiu uma súbita pontada no peito ao ouvir aquelas palavras. Não podia permitir que eles fizessem aquilo; se ficasse paralítico, estaria tudo acabado. Teria que voltar como um perdedor, como um fracassado, e Eduardo não podia sequer admitir tal pensamento.

— Pelo amor de Deus! Só tenho esse dinheiro.... Eu não sou rico e só estou em São Paulo de passagem. Mas podem levar, darei um jeito de conseguir outro.

— Reviste os bolsos dele, Pequeno. Quem sabe não há mais dólares.

— Certo! — concordou Cristal.

Eduardo pensou em pedir ajuda, mas preferiu não se arriscar. Estava fácil demais para levar um tiro, e, afinal, já tinha os nomes dos dois: Cristal e Pequeno. Com certeza eram apelidos, mas Eduardo jamais esqueceria deles.

Depois de constatarem que Eduardo não tinha mais nada de valor, levantaram-se e Pequeno avisou:

— Vamos sair agora, mas se fizer um movimento em falso ou se tentar gritar pedindo socorro, pode dar adeus a sua vida. — apontou para o amigo — O Cristal ali tem uma pontaria infalível.

— Quanto a isso, pode deixar. Mas, por favor, ao menos devolvam a minha carteira. Preciso dos documentos.

— Claro! — disse Pequeno — Aqui está. — o garoto jogou-a em seu colo, e em seguida saíram.

Depois de passar a tensão, Eduardo não pôde deixar de pensar na tamanha sorte que teve em não estar com todo o seu dinheiro; mas ainda assim fora uma grande perda.

Quando voltou à pensão, não pretendia revelar o ocorrido, mas seu semblante falava por si.

— Nossa! Parece que viu um fantasma! Por um acaso foi assaltado? — perguntou Dona Marta.

Eduardo ficou espantado. Como ela podia saber?

— Ou viu algum assassinato? Já sei, se meteu em encrencas.... Esta cidade está cada dia mais perigosa.

Como não havia mais ninguém na recepção, Eduardo resolveu desabafar.

— Parece que a senhora adivinhou. Fui assaltado.

Depois de revelar em mínimos detalhes tudo que se passara, Dona Marta aconselhou-o a não ficar andando à toa pelas ruas, e principalmente a não sair à noite.

— É na calada da noite que tudo pode acontecer, Eduardo. É melhor tomar mais cuidado; e posso dizer mais, acho que levou muita sorte de não terem lhe feito mais nada: a maioria desses bandidos costumam ser violentos e não se contentam apenas em levar o que a vítima possui. Fazem questão de machucá-las.

Dona Marta nem sequer imaginava que Eduardo morava nos Estados Unidos. Ele inventara uma história e a contava para todos que lhe perguntavam sobre o seu passado; não queria que ninguém soubesse que era americano. Para todos, Eduardo havia vindo do Rio de Janeiro, após perder os pais em um acidente de automóvel. Fazia questão de não entrar em detalhes quanto a isso.

— Já deve ter sido assaltado outras vezes no Rio, não?

— No Rio.... Ah! Sim. Mas nunca com arma de fogo.

— É melhor se acostumar. Até os garotos andam armados ultimamente. Não se pode facilitar.

— É verdade. — concordou — Acho que vou andar mais atento daqui por diante.

Naquela noite não quis sair com Alex. Contou-lhe o que havia acontecido e foi direto dormir.

Inquieto e revirando-se na cama sem conseguir pegar no sono, resolveu escrever uma carta para sua mãe: havia prometido que escreveria todos os meses e não queria deixá-la sem notícias. Eduardo queria passar a impressão de que tudo estava bem, por isso não quis revelar as dificuldades que estava passando para conseguir emprego e, muito menos, sobre o assalto.

Ao terminar a carta, Eduardo revelou que estava muito feliz por ter conhecido o Brasil e sua cultura e que ela não se preocupasse, porque, acima de tudo, amava-a.

Na manhã seguinte decidiu que arrumaria um trabalho de qualquer maneira. Não podia contar com as artimanhas de Alex, pois imaginava que o rapaz deveria estar agindo ilegalmente para ganhar dinheiro tão fácil.

Eduardo acordou disposto, fez uma oração e após pedir a benção ao seu Deus, saiu em busca do que precisava.

CAPÍTULO 19

Depois de passar em mais de uma dúzia de empresas e enfrentar filas enormes, Eduardo compreendeu que precisaria rezar muito mais para conseguir alguma coisa. A recessão econômica fazia com que a crise e a falta de empregos se alastrassem pelo país.

Eduardo não podia esquecer de que estava em um país emergente, ao contrário dos Estados Unidos que já se encontrava num estágio muito mais avançado.

Era o terceiro mundo, onde tudo demorava um pouco mais para acontecer. Eduardo achava estranho, por exemplo, o fato de em seu país, o aparelho de fax já estar sendo comercializado, enquanto ali, ainda nem se ouvia falar: simplesmente não existia.

Foi obrigado a voltar para a pensão sem ter conseguido êxito; apenas uma empresa pediu que aguardasse que em breve abriria algumas vagas; mas nada completamente sólido.

Já eram quase 14h e ainda não tinha almoçado. Pretendia passar em um restaurante e se não arrumasse uma colocação logo, teria que passar a fazer somente uma refeição por dia: almoçar e jantar já estava se transformando em um luxo.

Naquela tarde decidiu que sairia com Alex.

E foi naquela noite que Eduardo se lembrou das palavras de um velho amigo que conhecera ainda nos Estados Unidos: "A noite é uma criança... Mas pode ser uma criança assassina!".

Alex levou-o ao Point Sex, um clube frequentado por homossexuais e casais da classe média alta. Logo percebeu que ali tudo era possível acontecer, e não demorou muito para saber como seu amigo ganhava dinheiro: ele era garoto de programa.

— Deixe comigo! Vou lhe ensinar as artimanhas que precisa para se dar bem — prometeu Alex.

Logo na entrada, observava-se que à direita havia um lugar reservado com mesas de mármore e luzes de tom avermelhado. Era onde se podia ficar mais à vontade. No centro ficava o pequeno palco, no qual de cinco em cinco minutos aconteciam shows eróticos. À esquerda, um luxuoso bar se destacava para completar a decoração, os quartos ficavam no andar superior.

Eduardo já havia estado em boates nos Estados Unidos, mas nada se comparava àquilo. Até mesmo drogas podia se comprar ali dentro, sem nenhum problema. Depois de observar o local por algum tempo Eduardo disse a Alex que aquilo era demais.

— Você tem razão. E é aqui, neste lugar aconchegante, que você pode arrumar uma grana facilmente. Basta relaxar, ficar à vontade e depois colocar sua ferramenta para trabalhar. — Alex apontou-lhe uma mesa; havia dois distintos senhores tomando cerveja. — Aqueles pagam meio salário por apenas uma transa, e estão olhando para nós. Devem ter gostado de você. O que acha?

— Vou dizer o que eu acho, e espero que você não se ofenda, mas.... Jamais venderia meu corpo. Nem que essa fosse a minha última alternativa, compreende?

Alex estava abismado.

— Você não pode encarar as coisas dessa forma. Eles precisam de sexo e você de dinheiro, é apenas uma troca. — explicou ele — Eu disse que lhe mostraria como arrumar grana, e acho que se realmente estivesse precisando, não estaria falando estas asneiras. Afinal, isso é melhor que roubar.

— Pode ser melhor — disse Eduardo — Mas não é para mim.

Nesse momento um dos homens que Alex havia mostrado na mesa se aproximou.

— Os cavalheiros não gostariam de sentar conosco?

Alex e Eduardo entreolharam-se.

— Vamos lá, Eduardo. Vamos ouvir o que ele tem para nos dizer.

Eduardo pode se imaginar sentado na mesa de dois homossexuais, mas como tudo que pudesse vir a acontecer naquele ambiente não se enquadrava com sua personalidade, ele apenas disse.

— Já estou de saída, Alex. Mas não se preocupe comigo. Não quero estragar seus planos.

— Bom! Se é assim, então até mais.

No dia seguinte, Eduardo saiu novamente à procura de trabalho, não importando onde, e nem o tipo de serviço, até que avistou um grande letreiro, num vasto muro, que dizia: *"Oficina Mecânica do Padilha - Fazemos todos os serviços - inclusive Recondicionamento de Motores".*

Eduardo não entendia nada de motores, mas diante das dificuldades que estava tendo para ganhar dinheiro não lhe restavam muitas alternativas, e, além de tudo, era um guerreiro. Lera em algum livro que os guerreiros nunca desistiam, que lutavam até o final pelos seus objetivos e, se preciso, davam até mesmo a própria vida para realizá-los. Alegrou-se ao se lembrar disso, e um grande ânimo o invadiu, fazendo ele se sentir, pela primeira vez desde que colocara os pés no Brasil, seguro de si.

Algo dentro dele lhe dava a certeza de que a sua legítima mãe também havia sido uma guerreira, e deduzia que as melhores qualidades que possuía certamente haviam sido herdadas dela. E isso o incentivava a não a decepcionar.

CAPÍTULO 20

Geraldo Padilha era alto, moreno, com cabelos curtos e corpo musculoso. Passara a maior parte da vida concertando carros e estava na casa dos 40 anos; e apesar de ter uma linda família e o seu próprio negócio, ao contrário do que os seus vizinhos pensavam, Geraldo não se encontrava totalmente realizado.

Os amigos que achavam que seus sonhos e ambições se limitavam àquele padrão de vida normal, estavam enganados: possuía uma casa, dois carros, sendo um velho e outro novo, uma oficina mecânica com três funcionários e uma quantia razoável de dinheiro guardado, mas nada disso, quando ainda jovem, fazia parte de seus planos.

Ele tivera grandes sonhos, mas os últimos 15 anos não lhe haviam sido muito favoráveis, e logo após o casamento veio o primeiro filho, ou melhor, filha. Dois anos depois, mesmo com toda a precaução da mulher para evitar uma nova gravidez, veio a segunda filha, firmando então uma sólida família. A partir daí, passou a trabalhar exclusivamente para ela e acabou se esquecendo de si mesmo.

Tudo o que Geraldo queria na juventude era ir para os Estados Unidos ganhar dinheiro e ficar rico. Porém desde que seu coração o traíra, levando-o a casar, cada ano que passava tornava o sonho mais difícil e mais distante.

Foi muita sorte Eduardo ter entrado naquela oficina. Até aquele dia não havia contado a ninguém que era um estrangeiro; achava melhor assim, até mesmo por questão de segurança.

Quando colocou os pés dentro da oficina, Geraldo estava em um balcão, montando as peças do quebra-cabeça que estava a sua frente; um motor Volkswagen de 1.300 cilindradas. Eduardo já estava dentro do estabelecimento quando sentiu um enorme impulso de retornar, mas o homem já o havia visto não tinha mais como retornar. — O que deseja, meu jovem? Está com o carro enguiçado?

Eduardo estufou o peito e começou a falar:

— Estou à procura de um emprego. Na verdade, não sou mecânico, mas posso fazer de tudo um pouco. Como sabe, está muito difícil conseguir uma vaga nas indústrias. Por mais que se tenha estudo, é preciso também ter muita sorte. — enfatizou a frase, já arrependido de ter começado — Sou americano, vim de Nova Iorque para visitar uma tia que há muito tempo não via e acabei por decidir ficar algum tempo, se arrumar trabalho, claro.

Geraldo parou de mexer no motor. Ficou ouvindo aquele rapaz dizer que viera dos Estados Unidos, de sua terra tão almejada. Decidiu deixar que continuasse: queria saber mais sobre a vida do rapaz.

— Lamento ter incomodado. — disse Eduardo, diante do silêncio que pairava no ar — Vou tentar mais algum tempo, e se eu não conseguir trabalho por aqui, vou ser obrigado a retornar ao meu país.

Eduardo foi se virando para sair. Sentiu-se constrangido com tudo o que dissera para aquele estranho. Afinal, em poucas palavras, tinha revelado coisas sobre a sua vida, que até então estava mantendo em segredo.

Quando já estava quase na porta, ouviu:

— Espere um pouco, meu rapaz. Eu nem disse se preciso de alguém ou não! Nunca dê as costas a um homem — acrescentou.

Eduardo desculpou-se e em seguida começaram a conversar: Contou como era a sua vida nos Estados Unidos e formulou uma incrível história sobre uma tia que havia sumido; quando finalmente o motor em que o mecânico estava trabalhando ficou pronto, Eduardo havia conseguido o seu primeiro emprego no Brasil.

— Venha amanhã cedo. Vai começar lavando peças. Se tiver mesmo interesse, logo montará sozinho motores como este, inteirinho recondicionado.

Foi exatamente nesse dia que ele compreendeu que as suas preces haviam sido atendidas.

CAPÍTULO 21

Seis meses depois, Eduardo já se sentia totalmente adaptado com a cultura brasileira. Aprendera muito sobre o novo país, sobre a vida e sobre motores.

Começou lavando peças e perguntava o nome de todas elas; em pouco tempo passou a conhecer os segredos que todo bom mecânico precisa saber. Estava se saindo muito bem, e embora soubesse que não queria passar a vida exercendo aquela profissão, encarava tudo como se fosse um estágio de aprendizado.

Descobriu que Geraldo, além de ótimo mecânico, era também um bom amigo: os dois passavam horas conversando sobre o mundo e seus problemas; e até mesmo Ana Paula, a mulher de Geraldo, estranhou o grau de amizade que se estabeleceu entre os dois: parecia que já se conheciam há muito tempo, e por vezes saíam após o expediente para tomarem cerveja e se descontraírem.

Eduardo agradecia todas as noites por ter avistado aquele letreiro quando já estava prestes a desistir; sempre escrevia para Clara e uma vez por mês conversava com ela pelo telefone. Em uma das conversas, ela pediu:

— Volte, meu filho. Estamos esperando por você. Sabe que te amamos mais do que tudo nessa vida. Estamos sentindo muita saudade.

E ele respondeu:

— Eu voltarei, minha mãe. Mas primeiro preciso aprender mais sobre esse país maravilhoso. Saiba que te amo muito e também estou com muitas saudades. E não se preocupe, estou trabalhando e já tenho até um pouco de dinheiro guardado; o resto estou deixando por conta do destino.

Mas era justamente desse destino que Clara Mendes tinha medo. Sabia perfeitamente o real motivo dele ter partido para o Brasil e rezava todas as noites para que o desejo de vingança que ele herdara de Sheila não se concretizasse.

Eduardo continuava hospedado na mesma pensão, e apesar de ter feito várias amizades e conhecer muitas pessoas, ele ainda se sentia um pouco retraído. Tinha se afastado de seus ideais e acabou ficando preso entre a saudade que sentia dos Estados Unidos e o novo estilo de vida que desfrutava no Brasil.

Muitas vezes, à noite, aproveitava para ler as cartas de Sheila e ficava por horas imaginando como seria a hora em que encontrasse aquelas pessoas que haviam feito o pacto com a sua mãe; se é que um dia isso aconteceria. Às vezes, tomava ciência de que tudo poderia ser uma grande ilusão e momentos depois algo lhe dava a certeza de que um dia todos iriam se reencontrar: sentia-se confuso, e acabava sempre deixando as coisas nas mãos do destino.

Mas havia uma coisa que ele não faria nunca: "esquecer", porque todos os dias algo lhe fazia lembrar o verdadeiro motivo de estar no Brasil.

Geraldo sempre dizia que tudo dependia da maneira como cada pessoa encarava o mundo, e que nenhum ser humano estava onde não queria estar. Alimentava a teoria de que todos os homens escreviam os seus destinos de acordo com a coragem de cada um, e o grau de insatisfação que sentiam se resumia a suas próprias escolhas; e quando ele falava sobre esses assuntos, Eduardo sabia que ele se referia a ele próprio.

— Se estou aqui hoje, é porque me acovardei. Desisti de meus sonhos após constituir minha família. Mas você deve a todo custo tentar realizar os seus, sejam lá quais forem, sem deixar que nada e ninguém te impeça, meu jovem.

Com o passar do tempo, Eduardo foi se abrindo cada vez mais, e em uma das noites em que saíram para beber, acabou revelando ao amigo o verdadeiro motivo que o trouxera para o Brasil.

Naquela noite, Geraldo ressaltou:

— Sem dúvida nenhuma, devo retirar o que lhe disse sobre tentar a todo custo realizar seus sonhos. Porque este não é um sonho qualquer.

Foi a única vez que falaram sobre isso. Todas as vezes que Geraldo tentava retornar ao assunto, Eduardo sempre dava um jeito de mudar de conversa.

Quando Eduardo completou um ano trabalhando para Geraldo, Alex voltou a se hospedar na pensão, e dessa vez, tinha uma cicatriz a mais no rosto.

— O que andou fazendo todo esse tempo? Pela sua nova cicatriz, aposto que ainda não tomou juízo. Não estou certo?

— Talvez! — disse ele brincando — Mas e você? Como tem andado?

— Bem! Estou trabalhando em uma oficina mecânica e levando a vida normalmente como a maioria dos mortais. Mas me diga, continua fazendo programas para viver?

— Negativo. Já faz algum tempo que larguei dessa vida e não quero mais saber disso. Encontrei uma coroa rica que está apaixonada por mim e pretendo me casar com ela, garantir minha aposentadoria.

— Torço por você. E esse corte no rosto, como o conseguiu?

Alex franziu as sobrancelhas.

— É uma longa história.... Mas tem a ver com a noite.

Nesse período a amizade entre os dois aumentou. Apesar das diferenças que ambos tinham em relação aos pensamentos, saíam juntos com frequência.

Era a época em que as regras de costume, educação e tolerância eram frequentemente quebradas; estavam vivendo na proeminência dos anos 60, uma era inesquecível e amplamente abordada pela juventude que descobria os seus verdadeiros anseios.

Com ênfase na síntese de seus próprios desejos, a ordem pública era constantemente ameaçada; ou seja, tudo que saía de novo contrariava a ordem e o sistema político. Foi então que o mundo passou a ver e a sentir os ideais de modo diferente. Começava a se propagar o movimento neoliberalista, que deixou o escalão do governo receoso de uma nova revolução.

O sistema governamental não queria mudanças. Tinha medo de que o regime fracassasse e tivessem que reformular a planilha de governo. Mas com o desenvolvimento na área de telecomunicações e as ondas de rádio que se propagavam por todo o território, nem mesmo o governo e o exército conseguiram impedir que a população tomasse certas decisões e até mesmo influenciassem nas novas leis que segmentavam os diretos dos brasileiros.

Mais alguns meses se passaram e Eduardo cada vez mais se aperfeiçoava na profissão de mecânico. Às vezes saía com Denise nos finais de semana e sentia desejos de revelar o seu verdadeiro motivo de estar no Brasil; mas acabava por acreditar que ela não o entenderia e então se calava. Denise era muito bonita, e Eduardo tinha que tomar cuidado para não se apaixonar.

Quando falava com Clara, pelo telefone, ela pedia para ele voltar, mas ele sempre respondia a mesma coisa:

— Logo voltarei, mãe. Assim que for possível.

Clara ficava furiosa, mas no fundo também deixava por conta do destino. O mesmo destino que um dia pusera Eduardo em sua vida.

No final de 1965, Eduardo já era um verdadeiro mecânico. Aprendeu em menos de dois anos o que Geraldo demorou quase uma vida para saber; saiu-se um excelente aprendiz, tanto, que se quisesse, já poderia abrir a sua própria oficina, se este fosse o seu desejo.

Podia montar e desmontar qualquer motor, aprendeu a lidar com caixas de câmbio, regulagens, sistema de freios e carburadores. Passou a ganhar um salário bem mais compensador, pois Geraldo percebera que Eduardo valia por dois.

Decidiu deixar a pensão e alugar uma pequena casa de dois quartos e um banheiro na Alencar Farias, próximo à oficina em que trabalhava. Mesmo sabendo que sentiria saudades de Dona Marta e da doce Denise, Eduardo achou que teria um pouco mais de privacidade. A pequena casa não era grande coisa, mas pelo menos não havia barulho à noite, e nem o entra e sai de pessoas a toda hora: ali era um lugar só seu.

Ainda indeciso e meio perdido dentro de si mesmo, Eduardo passava noites inteiras idolatrando a imagem de Sheila Guiold nas fotos. Muitas vezes se perguntava como podia amá-la tanto, tendo em vista o fato de nunca a ter conhecido. E nunca se cansava de ler a velha lista.

Sheila Guiold
Domenick Sanches
Rudolf Rupert
Richard Brennt Álamo
Ion Fritz Alambert
Buber Fritz Alambert

Sabia que um dia haveria de encontrá-los. E sabia também que cada dia que se passava significava um dia a menos na espera. Clara dissera-lhe que Domenick, assim como sua mãe, já estavam em outro plano e que quanto aos outros ela não tinha a mínima ideia. Mesmo assim, os descendentes deles com certeza também estariam com uma lista igual. Ele lera nas cartas que havia sido feita seis delas, uma para cada um dos integrantes do grupo.

E lera também que eles jamais deveriam se separar delas. Prometeram que, em caso de perigo de morte, passariam a lista adiante.

Um dia Eduardo saiu um pouco mais cedo que de costume da oficina. Não havia muito o que fazer e pediu a Geraldo que o liberasse antes do horário. Pretendia chegar em casa e descansar: desejava refletir um pouco sobre tudo o que estava acontecendo; não estava satisfeito com o comodismo no qual estava vivendo e alguma coisa lhe dizia que estava entrando em um certo tipo de monotonia.

Como morava perto, sempre ia para casa a pé; gostava de caminhar e pensar ao mesmo tempo: fazia bem ao seu espírito. Muitas vezes fazia vários planos para sua vida ao percorrer aquele caminho, porém, se soubesse a cena que presenciaria aquele dia, teria escolhido outro caminho.

Ao dobrar uma quadra percebeu o movimento intenso de carros da polícia e pessoas se aglomerando no meio da rua. Quando se aproximou pôde ouvir alguns comentários:

— Devem estar envolvidos com o tráfico — comentou uma senhora idosa.

— Pode ser dívidas — alguém disse.

Quando se aproximou percebeu quatro corpos estendidos no chão. Todos estavam ensanguentados e haviam sido assassinados há pouco.

Ainda com os olhos fixos na cena, pôde ouvir o jornalista tentando explicar o inexplicável:

— Estamos mais uma vez presenciando a brutal violência que a cada dia se torna mais frequente na cidade de São de Paulo.

O repórter aproximou-se do círculo de pessoas

— Mais uma chacina envolvendo uma família, e o mais triste, senhoras e senhores, é que entre elas há duas crianças. Segundo testemunhas do local, uma tem apenas quatro anos e a outra seis. É uma covardia que duas crianças completamente inocentes tenham suas vidas interrompidas por irresponsabilidade dos adultos. Mas essa é a cidade de São de Paulo, onde tudo pode acontecer.

Nesse momento Eduardo se deparou com o microfone bem diante de seu rosto. O repórter lhe dirigia a palavra:

— O senhor pode nos dizer se viu alguma coisa que possa ajudar a esclarecer esse violento massacre ocorrido aqui hoje? Conhecia as vítimas?

Eduardo surpreendeu-se. Não esperava que entre tantos, seria escolhido para dar esclarecimentos sobre o fato. Mas como não sabia de nada, concluiu que era a pessoa errada para dizer alguma coisa.

— Eu estou apenas de passagem. Não vi nada — explicou Eduardo titubeante.

O repórter imediatamente retirou o microfone de sua frente e recomeçou a falar:

— Como sempre, ninguém viu nada, ninguém sabe de nada. É impressionante, porque como se pode apurar apenas com os olhos, dezenas de tiros foram disparados aqui hoje. — o repórter olhou ao redor — Enquanto a população se omitir em denunciar os responsáveis pelos assassinatos que assombram as pessoas por toda a cidade, os crimes não cessarão. Vamos agora ouvir esta cidadã.

— A senhora viu alguma coisa?

— Não, meu filho... Sou da zona leste. Não posso ajudar.

O repórter então continuou:

Vamos ver se a polícia pode nos dar mais informações: vou conversar agora com um dos policiais que está atendendo a mais essa ocorrência...

Eduardo não quis ouvir mais nada. Estava aturdido demais com tudo o que viu e ouviu: realmente São Paulo era uma cidade violenta e perigosa, e Eduardo aos poucos estava descobrindo isso.

Ao chegar em casa, não conseguiu pensar em nada além daqueles corpos estendidos no chão: ainda podia rever os corpos inertes em volta da lagoa de sangue. "Por quê?", perguntava-se Eduardo: por que Deus não impediu que aquelas crianças inocentes perdessem suas vidas daquela maneira trágica?

Mal sabia ele que aquela era apenas uma das tantas outras chacinas que ainda ocorreriam na cidade de São Paulo. A cena que tanto o chocou, para os paulistanos, já fazia parte do cotidiano, pois já estavam acostumados.

Naquele mesmo dia, Alex foi lhe visitar.

— Como é? Vim te chamar para uma festa. Quer ir?

— Festa? Que tipo de festa?

— Um casamento. Um amigo meu se casa hoje. Não posso faltar, e não quero ir sozinho.

Eduardo não estava a fim de sair naquela noite. Não depois de tudo o que vira durante o dia.

— Sinto muito, mas acho que vai ter que ir só.

Alex não se deu por satisfeito.

— O quê? Vai me dizer que vai perder uma festa de casamento à toa? Vai ter que me dar uma boa explicação para não ir.

Depois de ouvir de Eduardo qual era o problema, disse que já sabia do ocorrido e até mesmo o motivo da chacina:

— Aqui em São Paulo, se você comprar alguma coisa e ficar devendo, os credores costumam cobrar tirando-lhes a própria vida. É a lei do crime. — vendo que Eduardo estava indignado, Alex explicou: — Principalmente se forem dívidas de drogas.

Eduardo sobressaltou-se:

— Mas e as crianças? Como podem ser tão cruéis?

— Nessa cidade, a vida humana tem o mesmo valor da palavra: se a sua palavra não vale nada, a sua vida passa a valer menos ainda, e eles não poupam ninguém.

Eduardo então compreendeu e lembrou-se do assalto que havia sofrido na Praça da República. "Eu poderia estar morto", pensou aliviado.

Novamente Alex tentou convencê-lo.

— Esqueça tudo isso e vamos nos divertir. Será uma festa de alto padrão e haverá muitas pessoas sofisticadas, da alta sociedade; e você precisa fazer amigos, Eduardo, tenho certeza de que se me acompanhar, não vai se arrepender.

Eduardo pensou um pouco e acabou por concluir que Alex estava certo: pois precisava mesmo fazer novas amizades e conhecer pessoas diferentes.

CAPÍTULO 22

A festa acontecia no terraço de um luxuoso edifício da Avenida Paulista. Era a festa mais sofisticada que Eduardo já participara: havia mais de 100 convidados, todos elegantemente vestidos. O recém-casado, um homem de 25 anos, dono de uma exportadora de café estava casando-se com uma mulher linda, de nome Ieda: Eduardo era apresentado a todo momento a uma pessoa diferente. Se soubesse como ia ser bom, jamais teria pensado em ficar em casa.

Como em toda festa de pessoas da classe alta, a comida e a bebida eram da melhor qualidade. Realmente, era um clima extraordinário.

Foi nessa noite, e nessa festa, que Eduardo encontrou a mulher que mudaria completamente a sua vida e o seu destino.

Juliana, acompanhada de três amigas, ocupava uma mesa ao lado da mesa em que Eduardo estava: havia muitas pessoas dançando no centro do terraço; Eduardo apaixonou-se e os seus olhos encontraram com os olhos dela.

Naquele momento Eduardo sentiu a felicidade invadir-lhe a alma, e para sua alegria, os olhos da moça estavam demonstrando a mesma coisa.

— Vejo que está de olho em alguém. — disse Alex — Vá em frente, porque parece que o interesse é recíproco.

— Ela é muito bonita! Acha que se interessou por mim? — perguntou Eduardo, timidamente.

— Ora! É claro que sim, e quando isso acontece, — Alex aconselhou — você não pode deixar passar. Precisa dar chance ao destino, arriscar, entende? Os momentos, meu amigo, jamais se repetem.

Eduardo sabia que de todas as palavras que ouvira Alex pronunciar, aquelas eram as que mais faziam sentido. "Os momentos jamais se repetem".

— Você tem toda razão! Vou convidá-la para dançar.

— É assim que se fala. Aproveite que a música está colaborando. Torço por você.

Juliana era a moça mais meiga que Eduardo já conhecera. Era morena, de olhos nitidamente castanhos e tinha os cabelos longos até a cintura;

seu rosto era belo, com feições perfeitas. Sem dúvida nenhuma, foi amor à primeira vista.

A grande verdade é que Eduardo agradeceu veementemente a Deus por não ter recusado o convite de Alex para comparecer àquele casamento. Fora o dia mais feliz de sua vida.

Dançaram, beberam e conversaram muito. Eduardo até esqueceu o passado: ao lado de Juliana, só o presente passou a ser importante. Quando a noite se avançou, Juliana disse-lhe:

— Preciso ir embora! Minha tia vai me matar — murmurou a moça.

— Não mora com os seus país? — perguntou Eduardo.

— Minha família é de Curitiba — Juliana olhou nos olhos de Eduardo — Só estou aqui a passeio.

Eduardo entristeceu-se por ela não ser da cidade de São Paulo.

— Ah, sim! E quanto tempo vai durar esse passeio?

Juliana pensou antes de responder:

— Apenas mais duas semanas.

O coração de Eduardo acelerou.

— Que pena! Eu mal lhe conheço e... Já estou começando a sentir saudades.

Algo muito extraordinário aconteceu entre eles, e a partir daquele dia, se houvesse alguma coisa em que realmente Eduardo passou a acreditar, é que Juliana e ele haviam sido feitos um para o outro.

— Nunca acreditei em príncipe encantado, Eduardo. — os brilhos nos seus olhos castanhos confirmavam suas palavras — Mas espero que isso tudo não seja só ilusão. Quero acreditar e ser feliz.

Essa declaração soou como música aos ouvidos dele.

— O tempo nos mostrará, querida. O tempo sempre nos mostra a verdade — avia sinceridade na voz de Eduardo.

As amigas de Juliana já tinham ido embora, Alex já estava meio alterado, conversando com um grupo de rapazes e moças. Eduardo pegou a mão de sua nova companheira e com ela saiu, em silêncio, sem chamar a atenção. Depois de levá-la à zona sul e deixá-la no portão de casa, foi embora, sentindo-se pela primeira vez um homem realizado.

O mesmo acontecia com Juliana, que jamais imaginara encontrar justo em São Paulo um homem tão bonito, tão gentil e tão encantador a ponto de cativar seu coração e tratá-la como uma verdadeira rainha. "Tomará que eu não esteja me iludindo", pensou.

Juliana tinha apenas 17 anos. Era a única filha mulher de Dona Cícera Rodrigues dos Santos, que a criara junto de seu irmão, Jonas Rodrigues. Cícera havia ficado viúva quando os filhos ainda eram crianças e os criou praticamente sozinha, provando a todos que com coragem e força de vontade podia vencer aquela batalha. Agora Juliana já era uma moça, e Jonas estava servindo o exército da cidade de Curitiba. Nenhum deles havia se perdido como pensara o povo. Com unhas e dentes ela lutou, trabalhou e conseguiu fazer deles pessoas dignas, embora os tivesse criado sob o regime militar. Ou seja: as suas ordens tinham que ser cumpridas ao pé da letra. Nesse ponto, Dona Cícera era mesmo severa.

Nos dias que se seguiram, Eduardo não conseguiu pensar em nada, além de Juliana. Ela realmente mexera com seus sentimentos. O que o surpreendia, é que só tinha estado com ela uma vez, e jamais havia passado pela sua cabeça que poderia se apaixonar tão facilmente por uma mulher que mal conhecia; e Eduardo não tinha vindo ao Brasil para isso.

Quando voltou a se encontrar com Alex, este pôde perceber que o amigo se encontrava completamente diferente. Parecia renovado.

— E aí? Pelo jeito se deu bem naquela noite, não é mesmo? Quem era a beldade?

— Pensei que você fosse me dizer — Eduardo olhou-o, questionando-o — Não a conhece?

— Havia muita gente lá. Acho que não me lembro dela.... Mas vocês ficaram a noite inteira juntos. Já devem saber tudo a respeito um do outro. Até esqueceram da festa.

Eduardo abriu um sorriso.

— Rapaz.... Ela é o máximo! O problema é que não é daqui — explicou, já com sinais de tristeza no rosto.

— Mas isso não é problema — retrucou Alex.

— Como assim, não é problema? Ela é de outra cidade!

— Ora! Case-se com ela — disse ele, sorrindo.

Naquela mesma semana, uma força maior levou Eduardo a encontrar-se novamente com Juliana. Saiu da oficina um pouco mais cedo e foi direto para a zona sul. Precisava vê-la de qualquer maneira, e quando se aproximou da casa em que a deixara no dia da festa, seu coração passou a bater mais forte, e em seguida sentiu-se como um idiota, temendo estar sendo precipitado demais, mas agora já estava ali, e era só chamá-la.

Deu mais alguns passos e quando estava diante do portão, a porta da casa se abriu: uma das moças que estava no casamento com Juliana apareceu e logo que avistou Eduardo, cumprimentou-o.

— Boa tarde, que surpresa vê-lo aqui.

Eduardo acenou para ela.

— Será que poderia falar com a Juliana?

— Aguarde um minutinho, que vou chamá-la.

"O que estou fazendo aqui?", pensou. Logo depois a doce Juliana surgiu na porta. Estava linda: para ele seus olhos brilhavam mais que diamantes. Usava um vestido cor de vinho e os cabelos estavam totalmente soltos, como ondas se movimentando no ar, o mesmo ar que os dois estavam respirando.

Juliana presenteou-o com um belo sorriso e disse:

— Estava esperando por você e com muitas saudades.

Era tudo que ele queria ouvir.

— Foi exatamente por este motivo que vim. Saudades! — Eduardo abraçou-a carinhosamente — Não consegui parar de pensar em você. Acho que roubou meu coração.

Ela já estava em seus braços e no memento em que seus lábios se tocaram, uma menina apareceu na porta.

— Juliana! Traga o moço para dentro. Não vai apresentá-lo à família?

Juliana olhou-a, furiosa:

— Volte para dentro. Eu não demoro.

— Quem é ela?

— É minha priminha. Levada que só vendo.

Os lábios ansiosos reencontraram-se, e por um longo momento, sentiram-se como se houvessem deixado o planeta Terra e imaginaram-se entre as estrelas. Era o beijo mais gostoso que ambos experimentavam: era a plenitude serena do amor que se manifestava naquele ato. Juliana olhou-o bem dentro dos olhos e confessou:

— Por Deus! Não sei o que está acontecendo comigo. Acho que te amo como nunca imaginei que poderia amar alguém!

Se Eduardo pudesse congelar aquele momento e vivê-lo nele para sempre, assim o faria. Aquela dádiva de mulher o estava fazendo o homem mais feliz do mundo.

Depois daquele dia, passaram a se encontrar com frequência. Todas as vezes que se viam, explodia uma euforia até então desconhecida por eles. Passaram a compreender que, além de tudo, eram como partículas inseparáveis, e um precisava do outro para que se completassem.

Como diziam os grandes filósofos, "as grandes mudanças da vida de um homem acontecem sempre em um curto espaço de tempo". E com isso, Eduardo podia concordar plenamente. Tudo aconteceu de maneira tão rápida que nem mesmo ele pode entender. Há menos de um mês jamais passara pela sua cabeça o fato de poder se apaixonar; e agora, o laço já havia se solidificado.

Sua única preocupação passou a ser o dia em que ela partisse; precisava fazer alguma coisa a esse respeito: não suportaria a ausência da amada, mas sabia que Juliana vinha de uma boa família e pelo que ela lhe falara a respeito de sua mãe, certamente ela jamais permitiria que um estranho de São Paulo se casasse com a filha.

Talvez fosse melhor esquecê-la. Mas como?

Geraldo foi o primeiro a perceber a completa mudança em seu comportamento; era como se ele tivesse passado por uma transformação: Eduardo tornara-se um novo homem. Em primeiro lugar, seu rendimento no trabalho havia melhorado e muito; seu modo de enxergar o mundo também. Mas o que Geraldo nem se quer imaginava era o que ainda estava por vir.

Na semana seguinte, Eduardo entrou na oficina meio que ressabiado, como há quase dois anos, mas dessa vez não era para pedir emprego, e sim para se demitir.

— O que você está me dizendo? Quer se demitir? Confesso que não estou acreditando. O que vai fazer da sua vida daqui por diante?

Ele tentou explicar:

— Não se preocupe. — sua voz estava impregnada de emoção. — Vou para a cidade de Curitiba, a capital do Paraná.

— Mas o que vai fazer lá? Trabalhará de quê? — Geraldo sabia que por trás daquela decisão estava a tal Juliana de quem ele havia falado.

— Curitiba é uma cidade que está em pleno desenvolvimento, cresce a cada dia. Não será difícil arrumar trabalho por lá. E deve haver muitas oficinas precisando de um mecânico. Sempre há. Principalmente um mecânico formado por você.

Além de um excelente funcionário Geraldo estava perdendo também um amigo. Não mais teriam as conversas que tinham sempre que saíam para tomar cerveja. Com certeza, sentiria muito a falta do amigo.

Suas últimas palavras foram:

— Se é mesmo isso que você quer, que assim seja. — e acrescentou — Tomara mesmo que seja para seu bem. Quem sabe, o seu destino não esteja mesmo por lá?

Eduardo havia tomado aquela decisão, porque um dia antes tivera uma séria conversa com Juliana:

— Se ficarmos separados agora que já nos conhecemos, estaremos jogando fora a oportunidade de sermos felizes. Quero me casar com você.

Juliana, mesmo estando insegura sabia que ele estava certo, havia encontrado nele tudo que esperava encontrar em um homem; estava apaixonada e decidiu levá-lo junto: já tinham feito amor e se casariam assim que chegassem em Curitiba.

CAPÍTULO 23

Alemanha, 1975

Ele estava de bruços em um cavalete de madeira com o tampo côncavo, era o famoso *"prügelbock"*, um estranho e eficaz método de tortura usado pelos nazistas em Ravensbruck. Estava com os pulsos e os tornozelos amarrados com correias e suava frio; podia sentir as gotas de suor lhe percorrer o rosto e vê-las se espatifando no chão. Já estava quase desmaiando, quando ouviu o som alarmante dos passos se aproximando...

Era o soldado da SS que entrara na sala escura, úmida e fria. Após se esforçar para inclinar um pouco o pescoço, pôde perceber. Ele trazia o chicote novamente nas mãos.

O homem franzia o rosto, soltava um sorriso esnobe e, apertando o chicote de couro na mão, repetia sempre as mesmas palavras:

— Comunista filho da puta. Você tem que morrer! Você e essa raça de judeus imprestáveis! — e quando o soldado levantava o braço, a fim de descer o chicote em suas costas, Richard acordava.

Havia procurado de todas as formas livrar-se dos pesadelos, mas nem mesmo os anos conseguiram afastá-lo deles. Haviam se transformado em sina.

O *prügelbock* foi inventado especialmente para fazer os prisioneiros de guerra revelarem quem estava por trás das conspirações políticas que ameaçavam o governo do Reich mas quando era usado com muita frequência, chegava a debilitar tanto fisicamente como mentalmente; era sem dúvidas um dos meios mais cruéis de tortura. Pouco antes da rendição alemã, Richard presenciou a morte de um judeu em um desses cavaletes, que servia para deslocar os membros dos prisioneiros por meio de cordas ou correias amarradas nos pulsos e nos calcanhares e esticadas por manivelas ou alavancas, até as juntas serem deslocadas e finalmente separadas. A cena certamente ficou registrada em seu cérebro, fazendo com que, de tempo em tempo, ela se manifestasse em forma de pesadelos, tão real, a ponto de parecer que ele estava retornando ao tempo.

Richard passara os últimos 20 anos trabalhando e enterrando o seu único desejo: vingar-se do Brasil. Desde que comprara a casa, nunca mais saíra da Alemanha. Na cidade de Ruchiter, resolveu seguir os conselhos de seu amigo Rodolfo; casou-se, teve dois filhos e formou a família completando então o ciclo da vida. Conseguiu, depois de muito esforço, montar a sua própria serraria. Tinha deixado de trabalhar de empregado há muito tempo, mas era só olhar para o sul e as lembranças do passado vinham à tona: lembrava-se de Ravensbruck.

Havia casado com uma polonesa, que há muito residia na mesma pacata cidade que ele. Ilze Pikarski Shour fora uma excelente mulher. Além de lhe dar dois filhos, fizera-lhe esquecer da solidão que antes o deixava deprimido.

Porém, em um belo dia, sem mais nem menos, Ilze sofreu uma parada cardíaca e caiu morta, destroçando de vez o coração que tanto já havia sofrido.

Richard amava-a, e como ela morrera de morte natural, passou a pensar que talvez fosse mais uma prova empregada por Deus a lhe testar. Ou até mesmo um castigo, por nunca ter esquecido a vingança.

Realmente havia muitos motivos para ser um homem triste e revoltado. Não podia sequer olhar para trás, sem que uma avalanche de lembranças amargas lhe desequilibrasse. A essa altura já era um homem velho: "não vou durar muito", pensava.

Seu filho mais novo tinha agora 15 anos, e chamava-se Gruguer Brennt Álamo. O mais velho recebera o nome de Sturt Pikasrki Shour, em homenagem ao falecido pai de Ilze, que também havia morrido vítima das câmaras de gazes na Polônia.

Na casa em que moravam havia fotos de Ilze por todos os cômodos: era uma linda morena, com grandes olhos azuis e um corpo perfeito. Tinha um rosto bonito e seus cabelos eram de um castanho intenso; sem dúvidas uma mulher difícil de esquecer. Já fazia cinco anos que ela havia falecido, e os dois haviam ficado juntos por dez anos: um tempo que, para Richard, valera por uma vida inteira.

Ilze era do lar, caprichosa calma e tranquila, e acima de tudo, compreensiva. Fazia tudo o que estava ao seu alcance para ver família feliz, e descobrira nele um homem meigo, carinhoso e louco para viver um grande amor; qualidades que se encaixavam perfeitamente nas características que buscava. Considerava-se uma mulher realizada; todos os seus sonhos baseavam-se em criar os filhos e manter a família unida. Sonhos esses interrompidos quando, de súbito, veio a falecer, deixando tudo por conta do marido. Sturt tinha apenas seis anos, e Gruguer nove, e fora muito difícil para ambos suportar a perda da mãe.

A serraria que abriram nos fundos da casa era pequena e tinha apenas dois funcionários, que eram vizinhos próximos. Não tinham meios de enriquecer por conta da grande concorrência de serrarias maiores que há tempo já haviam se instalado em Ruchirt. Depois da morte de Ilze, Richard desconsolado, abandonou tudo, deixando a serraria nas mãos do filho mais velho.

Richard agora não tinha mais ambição, mas nunca esqueceu que ainda não havia pagado a promessa do pacto. Como não tinha outra alternativa, restava apenas encarregar os filhos de mais essa missão. Durante os anos que passara com Ilze, foi obrigado a deixar tudo de lado, porque ela nunca havia concordado com a tal vingança.

Já havia conversado com eles a esse respeito, mas sabia que precisava fazer muito mais para que realmente aderissem àquele desejo, como ele próprio havia aderido. Mostrara e falara a respeito de todo o sofrimento que havia suportado em Ravensbruck:

Gruguer conseguiu entender que era muito importante para o pai que o pacto fosse cumprido, e tinha a intenção de um dia poder ajudá-lo.

O pai dissera a eles:

— Logo chegará o dia em que terei que deixá-los, e gostaria de partir em paz, sabendo que pagarão a promessa que infelizmente até hoje não pude pagar. Gostaria muito de partir com essa certeza, meus filhos. Será que posso contar com vocês?

— Não diga uma coisa dessas! Ainda viverá muito, meu pai. Terá tempo para cumprir o seu pacto, mas se acontecer alguma coisa antes, pode ficar tranquilo, que faremos o que o senhor deseja.

— Ouvindo isso de vocês, pode ter certeza de que ficarei mesmo tranquilo. Sei que a palavra de vocês vale ouro.

Richard sabia que estava errado. Estava influenciando a mente de dois garotos em fase de crescimento. Cresceram ouvindo o pai repetindo ideias absurdas de vingança, de pacto e de justiça. Queria que eles ficassem como ele, fixados no desejo de fazer alguma coisa para que o sofrimento e a morte de seus amigos não ficassem no esquecimento. Mas mesmo tendo consciência do grande erro, não conseguia evitar.

Lembrava-se das pessoas que haviam morrido em nome de uma guerra que para civis não fazia o menor sentido; das injustiças e das catástrofes. Com tanta maldade no mundo, talvez Deus, o Supremo Todo Poderoso o perdoasse por apenas fazer de seus filhos homens capazes de matar por justiça. *Vingança e justiça.*

Não era apenas o desejo de cumprir a promessa, era algo mais. Se ao menos os pesadelos sumissem...

Certa noite sonhou com a vingança se concretizando. Estava de longe, de muito longe, e visualizava uma grande cidade: não sabia como, mas sabia que estava no Brasil, e, de repente, ocorreu uma grande explosão, a maior que vira em toda a sua vida. 'Uma explosão nuclear'. Pouco depois, estava em uma sala assistindo televisão, e todos os canais transmitiam a grande tragédia.

Quando acordou, estava com um grande sorriso no rosto.

CAPÍTULO 24

A Alambert Distribuidora de Bebidas LTDA havia crescido extraordinariamente. Nas últimas duas décadas, as suas filiais se expandiram por toda a Alemanha: fora realmente uma ótima ideia a de vender bebidas e refrigerantes a pequenos e grandes comerciantes, e, sem dúvida nenhuma, Buber devia aquilo tudo a Carssom, por ter tido a audácia de entrar com uma ação contra o governo da Alemanha e pela astúcia de ter conseguido ganhar a causa. Além de tudo a ideia da distribuidora também viera dele. Como recompensa, ganhou o cargo de presidente da empresa e passou a ser um dos acionistas.

Raquel Strobel não teve mais filhos. Logo que abriram a empresa, passaram a se preocupar somente com Jimmy e os negócios, que ocupava praticamente todo o tempo do casal. Com a prosperidade, a cada ano eles conseguiam multiplicar o que investiam, e para comemorar abriam uma nova filial; provando que o vento continuava soprando na direção deles.

Diante de tudo o que havia enfrentado para chegar até ali, passou a ter uma certeza: havia sido abençoado por Deus.

Durante o decorrer dos anos, eles cuidaram para que Jimmy recebesse a melhor educação possível e agora ele estava se formando em administração de empresas.

Jimmy era alto, loiro, e gostava sempre de ter os cabelos cortados à forma da moda: quando se olhava no espelho inteiramente nu, achava que a parte mais bonita de seu corpo eram os seus olhos, de um azul intenso, expressando inteligência.

Sabia que um dia herdaria a Alambert, mas nunca fora ambicioso. Seus desejos e metas se baseavam em ajudar ao pai. Restava pouco para se formar e tudo o que queria era dar orgulho à família.

Buber não passou um dia sequer sem se lembrar do pacto de sangue, de Rudolf Rupert no leito de morte pedindo para que ele se vingasse; de todas as humilhações e torturas que foi obrigado a suportar para sobreviver. E mesmo tendo se tornado um homem muito rico, dono de um vasto império, achava-se em dívida com os membros da lista, que guardava como ouro no cofre da empresa.

Por mais que quisesse, não podia esquecer todo aquele passado. Contudo teve paciência e ao longo dos anos foi obrigado a manter o assunto em total sigilo para não contrariar Raquel, que o havia advertido que se ele voltasse a tocar naquele assunto com ela ou gastasse um tostão sequer para localizar os integrantes daquela lista, ela seria capaz de deixá-lo. Como a amava demais, comentava somente com o filho, pedindo para que ele nunca falasse nada com a mãe.

De tanto ele lhe contar a história, Jimmy, sem que a mãe desconfiasse, já estava a par de tudo, e um dia chegou a dizer claramente que quando o pai resolvesse cumprir aquele pacto, ele estaria pronto para ajudar.

Depois daquele dia Buber teve uma espécie de revelação; como se o pacto de sangue houvesse se transformado em uma profecia, e como toda profecia, um dia haveria de ser realizada. E teve absoluta certeza de que seu filho havia herdado não somente seus genes, mas também os seus desejos.

Com o filho ao seu lado, ele sentia-se o homem mais seguro do mundo, com a certeza de que nada e ninguém poderia impedir que o pacto se cumprisse.

Raquel Strobel nunca deixou de apoiá-lo na administração da empresa, estava sempre com ele e com Carssom na administração, mas agora um sentimento de arrependimento começou a bater-lhe no coração. Olhava para Jimmy e via que ele já era um homem feito, e ela mal pode acompanhar o seu crescimento: dedicara-se muito aos negócios e esquecera-se dele, e agora, era tarde demais. Só lhe restava o consolo de saber que mesmo assim Jimmy a amava e havia se transformado em um homem bom, honesto, dedicado e pronto para assumir o trono do pai.

Fora isso Raquel levava uma vida feliz. Em todos os anos de casada, jamais Buber fizera alguma coisa que realmente a magoasse. Comportara-se como um excelente marido e um ótimo pai, e o mais importante: há muito que não o ouvia comentar sobre a vingança que prometera um dia cumprir. O único medo que tinha era de que Buber não desistisse daquele seu plano insano, e conseguisse influenciar Jimmy e o colocar nessa história. Mas para ela, Buber havia deixado isso de lado depois da última conversa que tiveram:

— Eu até entendo que é impossível esquecer Buber... Eu sei que basta você olhar para a sua de mão aço para que as lembranças lhe voltem a mente. Mas tem que compreender: se não esquecer isto, largo de você e sumo com Jimmy. Será que fui bem clara?

Isso fora há vinte anos, e foi depois daquela conversa que Buber nunca mais voltara a tocar no assunto. Pelo menos, não com Raquel. E quando conversava com Jimmy ou com Carssom a respeito, pedia total sigilo.

No final de 1970, Carssom chamou os membros da família para propor a expansão da Alambert, para o exterior. Estava animadíssimo com os novos projetos que tinha em mente, e se conseguisse expor de maneira bastante clara, tinha certeza de que os Alamberts aceitariam a sua proposta. E se isso acontecesse, a empresa poderia se tornar uma das maiores potências do mundo.

Nem mesmo Buber havia compreendido o motivo de Carssom estar tão ansioso e de ter convocado todos, como se fosse fazer a revelação do século. Mas assim que Carssom começou a falar ele entendeu.

— Já não há mais campo para expandirmos os negócios neste país. Eu sugiro que passemos a investir no exterior. Logo transformaremos a Alambert Distribuidora de Bebidas LTDA em uma empresa multinacional. Basta agirmos com cautela e corrermos alguns riscos. Os Estados Unidos está em primeiro lugar nas listas dos países selecionados.

Raquel interveio:

— Parece mesmo uma excelente ideia. Mas calculo que já deve ter pesquisado o mercado americano, estou certa?

— Certíssima. E devo também esclarecer que a possibilidade dos negócios se tornarem um sucesso é de 90%.

Buber bateu com a mão de ferro sobre a mesa:

— É isso que estamos precisando! Assim poderemos competir com as grandes empresas. Só não sei por que não pensamos nisso antes.

Novamente Carssom tomou a palavra.

— Na verdade já venho estudando esta hipótese há uns dois anos. Mas o momento não era propício, então esperei chegar a hora. E a hora é agora!

"Carssom é um gênio", pensou Buber

Ao fim da reunião ficou decidido: abririam uma nova filial nos Estados Unidos.

CAPÍTULO 25

Curitiba, Paraná

A distância de Curitiba a São Paulo é de 403 quilômetros. Há muito ela havia se transformado em uma cidade desenvolvida, com planos urbanísticos e com alta qualidade de vida. Por ficar apenas a 100 km do litoral paranaense e do Porto de Paranaguá, Curitiba servia como um eixo de interligação entre o norte e o centro-oeste do estado, fazendo com que toda a soja, café, erva-mate e os demais produtos de exportação passassem pela cidade antes de chegar ao Porto: isso incentivava a instalação de grandes indústrias, gerando empregos e o desenvolvimento em massa.

O clima sempre fora subtropical úmido e na época em que Eduardo e Juliana chegaram à cidade, o frio estava intenso, e a temperatura frequentemente atingia o nível zero, fazendo com que seus habitantes desfilassem pelas ruas com todos os casacos de seus guarda-roupas. A população naqueles tempos já ultrapassava a faixa de 600 mil habitantes, e os governantes da cidade começavam a colocar em prática o plano diretor, que havia sido elaborado entre 1965 e 1966 e que previa a construção de uma área industrial; e sobretudo, a ampliação e a modernização do sistema de transporte coletivo da cidade, que a cada dia se desenvolvia um pouco mais.

A escolha de Curitiba como capital do estado do Paraná foi oficializada por lei e publicada no jornal *O Dezenove de Dezembro*, de 26 de julho de 1854, e a partir daí a pequena cidade começou a se transformar em um grande polo de indústrias e comércios.

Antes de 1900, Curitiba contava com apenas 25 mil habitantes e a geografia esboçava ainda um formato meio que circular. Depois, com a vinda de vários engenheiros e arquitetos de nomes importantes, como Pedro Taulois, que elaborou uma planta que deixaria as ruas mais retas, formando um quadrilátero com cruzamentos em ângulos justificados, a cidade foi se ajustando às necessidades da atualidade.

O plano modificou as ruas centrais deixando-as mais largas, e ao mesmo tempo facilitando o escoamento das águas de chuva. O projeto, que visava organizar o traçado da cidade, foi visto como o primeiro dos tantos outros planejamentos urbanos que se seguiram no decorrer dos anos.

Muitos estrangeiros vieram para Curitiba. Os poloneses estavam na cidade desde 1872, quando vieram de Santa Catarina formando o famoso cinturão verde da cidade: trouxeram com eles os costumes simples que já faziam parte de suas vidas, a profunda religiosidade e a tradição do idioma.

A maioria chegara só com a roupa do corpo, quando Curitiba estava com apenas 10 mil habitantes. Arregaçando as mangas, começaram a trabalhar: alguns instalaram-se em pequenas chácaras de seis a oito alqueires, outros construíram casas nos moldes de sua velha pátria. Sessenta anos depois, já nas décadas de 30 e 40, seus filhos e seus netos ainda falavam a língua polonesa; tanto em casa como nas escolas, perpetuando assim suas antigas tradições.

No Brasil, tinham sido os poloneses os primeiros a utilizarem os gansos como vigia. Uma técnica que os quartéis ingleses já utilizavam há muito tempo, e que aqui ficou conhecida como "cão de polaco".

Os gansos, além de fornecerem penas para travesseiros e acolchoados, alvoroçavam-se barulhentamente com a presença de estranhos, e muitas vezes atacavam os que audaciosamente tentavam invadir seu espaço.

Nessa época muitas residências de Curitiba chegaram a trocar a velha casinha de cachorro por um cercado cheio de gansos, deixando de férias seus cães de guarda. Já os italianos plantavam lavouras nos arredores da cidade abastecendo fortemente o mercado de milho, feijão, batatas e frutas. A maioria, porém, acabou se instalando no bairro Santa Felicidade, que ficou conhecido como o melhor produtor de vinho da região.

Os alemães foram se estabelecendo no comércio e também se tornando industriais. Alguns abriam cervejarias, outros optaram por panificadoras, e outros ainda se oficializaram na carpintaria: a cidade assim cada vez mais absorvia o estilo europeu.

Além desses, muitos outros imigrantes tiveram significativa importância na formação do povo curitibano e no desenvolvimento da cidade. Alguns vinham de países da Ásia, procurando encontrar na América do Sul a chance de construir uma vida melhor. Mas eles não vinham a esmo; a propaganda apresentada nos países estrangeiros mostrava que o Brasil havia se transformado em uma nova nação, e que estava precisando de trabalhadores. A agricultura, a pecuária e a indústria se tornaram os principais atrativos para os imigrantes.

Para Eduardo, Curitiba era a melhor cidade para se viver. A sua mãe já havia escrito algo sobre essa capital, onde ela e Domenick haviam morado por quase um ano: e isso o deixará de certa forma entusiasmado.

Agora o objetivo da vingança parecia não fazer mais sentido, tudo que ele queria era aproveitar o tempo ao lado de Juliana. Somente ela importava agora.

Quando desembarcaram na rodoviária de Curitiba, Juliana logo disse:

— Temos que começar resolvendo nosso maior problema.

Eduardo já sabia do que se tratava.

— Sua mãe?

— Exatamente.

Foi então que Eduardo começou a se preocupar. Estava prestes a se deparar com uma situação inusitada, e de certa forma, foi tomado por uma súbita ansiedade, logo transformada em tensão.

— Temos algo a nosso favor — falou Eduardo dissimulando a tensão.

— Temos? Do que está falando? — inquiriu a moça, demonstrando seu espanto.

— A intensidade do nosso amor! — respondeu Eduardo, reconquistando sua segurança — Estamos apaixonados e temos a convicção de que queremos ficar juntos, e quando ela perceber isso, acabará aceitando. Só precisamos acreditar que tudo vai dar certo.

— Mesmo assim acho difícil. Ela é muito rigorosa e não pensa como nós.

— Não se preocupe. Tudo vai dar certo.

— Que Deus te ouça.

A casa era de madeira, de cor azul, com seis amplos quartos e uma área de lazer na frente. Quando Eduardo e Juliana chegaram ao portão, já tinham combinado tudo, nos mínimos detalhes.

— Pelo menos sua mãe e eu temos alguma coisa em comum — Eduardo falou sorrindo.

— É? E o que é? — Juliana interessou-se.

— Gostamos da cor azul.

Eduardo podia sentir o coração palpitar descompassadamente. Sentiu vontade de desistir, mas ao olhar para Juliana caminhando ao seu lado, compreendeu que jamais faria isso. Amava-a muito e, por ela, seria capaz de muito mais.

    Finalmente estavam lá, e o interior nada tinha de azul; ao contrário, todas as paredes eram de cor bege, e os móveis, rústicos, brilhavam como cristais, acompanhando o brilho do assoalho. Era realmente uma sala muito bonita.

    — Mãe! — gritou Juliana ao entrarem.

    Era a hora. Aquele grito ecoou fundo dentro do peito de Eduardo. Já podia ouvir os passos vindos de um corredor e desejava que tudo se resolvesse rápido e da melhor maneira possível.

    Quando percebeu, estava frente a frente com Dona Cícera, e pela fisionomia da mulher, concluiu que seria mais difícil convencê-la do que ele havia imaginado.

    Dona Cícera era alta, rosto arredondado, olhos grandes e suas feições eram de mulher séria e decidida. Estava com os cabelos amarados para traz e olhou diretamente para ele:

    — Mas.... Quem é esse rapaz?

    Eduardo sentiu seu rosto se avermelhando. Juliana empalideceu.

    — Desculpe não ter avisado a senhora pelo telefone, minha mãe.... Preferi contar pessoalmente. — Cícera fixou os olhos em Eduardo, estudando-o, e quando olhou para a filha, já havia compreendido tudo — Eduardo e eu vamos nos casar.

    Dona Cícera olhava-os incrédula, sem acreditar no que estava ouvindo.

    — Será que ouvi direito? Que história é essa? Por um acaso isto é alguma brincadeira?

    Juliana apressou-se em responder.

    — Eduardo é um bom homem, minha mãe. Nos apaixonamos e vamos ter um filho.

    — Não acredito! Não pode ser verdade!

    — Me desculpe, Dona Cícera. Sei que o que fizemos é completamente errado, mas estou completamente apaixonado pela sua filha e estamos a par da gravidade da situação; posso lhe garantir que vou fazê-la feliz, tenho uma boa profissão excelente estudo. Falo dois idiomas e tenho dinheiro o suficiente para...

    Cícera interrompeu-o:

— Pode parar com esse discurso, rapaz! Se ainda não parou para pensar, essa, — olhou para Juliana — é a única filha mulher que tenho, e ela tem apenas 17 anos. Como pode chegar aqui e simplesmente dizer que está apaixonado por ela? Será que não entendem que o que fizeram é mais grave do que pensam? Como pôde fazer isso comigo, Juliana? Como pôde?

— Não tinha de forma alguma intenção de magoá-la, minha mãe. Mas.... Aconteceu. Já pensou, que mais cedo ou mais tarde, isso seria inevitável? Todas as mulheres se casam.

Cícera levantou-se. Eduardo permaneceu calado.

— Você ainda é uma menina, Juliana! As mulheres se casam, mas antes, terminam seus estudos, adquirem experiências e depois escolhem alguém para primeiro namorar: somente depois disso pensam em casamento. E vocês... — olhou para os dois — mal se conhecem.

Juliana levantou-se e sentou-se ao lado de Eduardo.

— Só peço que nos compreenda. Se nos perdoar, prometemos não a decepcionar. Não é mesmo, Eduardo?

— Com toda certeza! — Eduardo respondeu convicto.

Dona Cícera observou-os por um longo tempo. Ainda não conseguia acreditar no que estava acontecendo: como Juliana pôde fazer aquilo com ela? O homem a sua frente lhe passava sinceridade, mas algo dentro de si, mais precisamente no seu coração, dizia-lhe que se concordasse, perderia a sua filha para sempre, e, por outro lado, se não aceitasse, sabia que Juliana certamente não voltaria atrás. Conhecia bem a filha, e também já fora jovem, e em seu tempo, talvez tivesse feito a mesma coisa.

Diante das circunstâncias, resolveu ceder. O que não era de seu feitio.

— Muito bem! E o que pretendem?

Juliana quase não acreditou no que estava ouvindo. Aquela pergunta significava que estavam conseguindo: ela ia concordar.

— Bem... — Juliana foi falando devagar — pretendemos nos casar, ainda este mês, mas Eduardo precisa ficar conosco até conseguir um emprego e podermos nos mudar. Ainda não temos para onde ir.

— Você tem ideia — Cícera estava perplexa — do que está me pedindo, Juliana?

— Tenho — a resposta foi direta.

— E você, meu rapaz, tem certeza absoluta do que está fazendo? Casamento é para o resto da vida. — Cícera demonstrou preocupação — Não sei de onde veio, e nem quem são seus pais, mas vou deixar uma coisa bem clara, — ela olhou firme nos olhos dele — se fizer minha filha sofrer, vai ter que acertar as contas diretamente comigo. Será que fui bem clara?

— Sem dúvidas nenhuma, Dona Cícera. E a senhora pode ficar tranquila. Serei um bom marido e tudo o que quero é que ela seja a mulher mais feliz desse mundo, porque, acima de tudo, a amo muito.

Ela agora parecia mais aliviada.

— É tudo o que espero, meu rapaz. Se não me decepcionar, terá uma excelente sogra, caso contrário, terá arrumado uma grande inimiga.

Juliana abriu um sorriso.

— Então ele pode ficar?

Cícera olhou para Eduardo.

— E o que vou fazer? Mandá-lo embora? Posso?

— É claro que não! Mas.... Muito obrigada.

E foi assim que conseguiram convencê-la. Em outras circunstâncias, ela jamais teria concordado com aquilo, mas diante da gravidez inesperada da filha e do risco de perdê-la, achou que a melhor solução seria aceitar.

No início fora constrangedor. Apesar de estarem prestes a se casarem, não dormiam juntos. A casa era grande, e Eduardo ocupou o quarto que ficava ao lado do de Juliana.

Era difícil resistir à tentação que durante a noite os atormentava. Mas o quarto seguinte era de Cícera, e eles não queriam que ela se decepcionasse.

Jonas, que estava servindo o quartel, só vinha para casa nos finais de semana. Ele e Eduardo deram-se muito bem, e o jovem Jonas mal podia acreditar que sua irmã iria se casar com um americano. Cheio de entusiasmo, um dia pediu a ele:

— Depois que se casar com minha irmã, gostaria que me levasse para os Estados Unidos, sempre desejei conhecer a. América.

— Mas é claro, um dia iremos todos — disse Eduardo, lembrando da saudade que estava sentindo de Clara.

Eduardo começou a procurar emprego. Logo descobriu que em Curitiba, assim como em São Paulo, não estava fácil conseguir trabalho, em todos os setores a concorrência era enorme.

Casaram-se dois meses depois. Foi uma cerimônia simples, ao contrário do que Dona Cícera havia sonhado para a única filha, mas para ela, o que realmente importava é que Juliana estava feliz, e como toda mãe, desejava que aquela felicidade durasse para sempre.

Como Eduardo era persistente, logo conseguiu trabalho em uma importante indústria mecânica, prestadora de serviços da Mercedes-Benz. E teve sorte, pois a firma pagava um dos melhores salários da época. Contudo poderia trabalhar a vida toda, que jamais conseguiria enriquecer se continuasse na mesma profissão; mas isso não o desanimava.

No momento, era tudo o que precisava.

— Agora podemos procurar uma casa só para nós — disse à Juliana.

E ela comentou:

— Estou orgulhosa de você, querido. Em menos tempo do que eu esperava, você provou para minha mãe e para mim mesma que eu não estava enganada quando escolhi você para ser o meu esposo.

— Isso é só o começo, Juliana. Só o começo...

Na semana seguinte, Juliana confessou a Eduardo:

— Sabe aquela nossa história que inventei para a minha mãe sobre a gravidez?

— Sei sim. E estou preocupado. Como vai dizer a ela que você não está?

— E quem disse que não estou? Estou gravidíssima, e tenho certeza!

Ele olhou-a, com cara de espanto. Depois disse:

— Mas é maravilhoso! — Eduardo não sabia onde colocar tanta felicidade — Agora sim, seremos uma família! — aproximou-se de Juliana e disse o que ela tanto queria ouvir — Eu te amo!

Dona Cícera era uma mulher severa, porém justa. E reconhecia que nada tinha a reclamar a respeito do genro, que lhe aparecera da noite para o dia. Eduardo honrou mesmo a sua palavra. Era realmente um ótimo marido, e, além de tudo, um bom genro. Mas o que ela previa aconteceu mais cedo do que ela mesmo esperava, Eduardo e Juliana estavam prontos para se mudarem. Haviam alugado uma pequena casa no bairro Vila Hauer, que ficava próximo da empresa em que ele trabalhava. Quando ela recebeu a notícia, uma pontada atingiu seu coração.

Mais uma vez aquela voz que vinha de dentro do seu coração estava lhe alertando que de alguma maneira ela estava perdendo-a.

— Vocês podiam ficar mais um tempo morando aqui. Pelo menos até a criança nascer, e... Vocês ainda economizariam um bom dinheiro. Pensem nisso, mas pensem mesmo — Cícera pediu à Juliana.

— Mas, mamãe, não sei se Eduardo vai concordar. E precisamos ter a nossa própria casa. Estou sonhando com isso.

Cícera não queria demonstrar, mas estava agindo como uma verdadeira mãe coruja. Tudo o que queria era ter a filha por perto: pelo menos, por mais algum tempo.

— Está bem, minha mãe. Vou pensar no assunto. Mas estou muito feliz com tudo o que está me acontecendo. E principalmente por saber que a senhora está do meu lado. Eu te amo muito, sabe? Só que.... Preciso seguir meu caminho. Minha vida.

— Eu sei disso, minha filha. E não tenha dúvidas, quero que seja muito feliz.

— Eu serei, mamãe. Eu serei.

Eduardo e Juliana mudaram-se no mês de abril. A casa era toda de alvenaria, com um pequeno e bonito jardim na frente.

Era a casa apropriada para eles. Tinha quartos claros e azulejos na cozinha e no banheiro: Juliana contentíssima comentou:

— E tem até esse quintal lindo para o nosso filho brincar, Eduardo. — Juliana irradiava alegria. Passou a mão na barriga dizendo; logo ele vem por aí.

Eduardo passava doces momentos acariciando a enorme barriga da esposa, e por muitas vezes, tinha um forte desejo de enfrentar o temor que sentia e lhe confessar a verdadeira razão de ter deixado os Estados Unidos. Tinha vontade de falar sobre a vingança, sobre sua verdadeira mãe e sobre as torturas que ela enfrentou naqueles terríveis campos de concentração, mas o receio de pôr em risco a felicidade em que viviam era bem maior, fazendo-o sempre calar.

Finalmente o esperado dia chegou. Eduardo estava trabalhando quando recebeu o telefonema:

— Sr. Eduardo? Por favor, venha urgente. Sua esposa está entrando em trabalho de parto.

Era uma quarta-feira e Eduardo apressou-se para chegar ao hospital. Algumas horas depois o doutor anunciou ao pai:

— Nasceu! É uma linda menina!

— E Juliana, doutor? Como está ela? Posso vê-las?

— Está tudo bem, meu filho. Acalme-se. Está tudo bem.

Quando ele entrou no quarto, ela disse:

Nossa filha é linda! Eu te amo meu amor. Ela se chamará Verônica. Verônica Mendes Ghiold dos Santos.

CAPÍTULO 26

Dois anos depois, na mesma maternidade, Juliana deu à luz ao segundo filho do casal. Dessa vez foi presenteada com um menino, e foi a vez de Eduardo escolher o nome: Brennt Ghiold dos Santos, em homenagem a Richard, um dos integrantes da lista cujo sobrenome era Brennt. Eduardo gostaria que a sua filha se chamasse Domenick, o primeiro nome da lista, mesmo assim não se opusera e concordara com Juliana: Verônica, era um lindo nome.

Eduardo ainda trabalhava na mesma empresa e moravam na mesma casa, sentindo-se um homem feliz.

Apesar de estar se distanciando de seu sonho a cada ano que passava, Eduardo não se preocupava, sabia que um dia chegaria a hora e o momento de realizá-lo.

Juliana não tinha queixas da vida. Amava Eduardo e sabia que era correspondida. Cada vez mais sentia ter sido abençoada por ter se casado com um homem como ele: era um bom marido e um excelente pai.

Verônica tinha um ano e meio quando Eduardo prometeu a Juliana que visitariam Clara nos Estados Unidos, assim que ela desse à luz a Brennt e se recuperasse do parto. Já fazia muito tempo que tinha deixado o país em que crescera e estava com muitas saudades de Clara e de Félix: precisa vê-los.

— Não vejo a hora de conhecer os Estados Unidos. E também os seus pais — confessou Juliana.

— Eu sei que eles também estão loucos para isso. Todas as vezes em que conversamos, minha mãe pergunta quando iremos visitá-los. E eu sempre digo a mesma coisa, que em breve iremos. Mas te prometo, está chegando o dia.

Brennt nascera praticamente nas mesmas circunstâncias que Verônica. Eduardo estava trabalhando quando o telefone tocou:

— Chamem o Eduardo. A mulher dele está prestes a ter o bebê.

Quarenta minutos depois, ele estava na maternidade, e para a sorte de ambos era o mesmo médico que fizera o parto anterior, o que tranquilizou Eduardo, que ainda assim, sentia-se nervoso e sofria a mesma ansiedade.

Algum tempo depois o médico entrou na sala de espera e deu a notícia tão esperada:

— Já nasceu! É um menino, Eduardo. E se parece muito com você.

Essa era a melhor notícia que ele poderia receber.

— E a minha mulher, doutor, como ele está?

— Não se preocupe. Está tudo bem com ela. Agora está descansando, mas já pode ver o seu filho.

O menino realmente herdara as feições de Eduardo, o que o fazia pai de um lindo casal de filhos. Ainda que estivesse se distanciando de seu propósito, ao mesmo tempo, colhia da vida amor, carinho e o respeito da família. Gostava do emprego que tinha e sua ambição acabou por se limitar ao estilo de vida que estava vivendo e ao próprio sistema que adotara. Quando conversava com Clara ou com Carssom pelo telefone, deixava claro que sua vida agora havia tomado outro rumo, e isso os deixava alegres e tranquilos, porque, afinal, era tudo que pediam em suas orações, que ele esquecesse que um dia havia descoberto aquelas cartas e aquela lista. Que interpretasse de maneira diferente o pedido de vingança que sua legítima mãe queria que ele realizasse.

Eduardo descobriu que nesse novo estilo de vida tudo acontecia muito rápido: tão rápido que quando olhou para trás, deu-se conta de que já haviam transcorridos quase dez anos desde que havia deixado os Estados Unidos. Observando seus filhos agora, chegava a se espantar.

— Nossa! Como estão crescidos!

Verônica já estava quase terminando o ensino primário. A menina herdara praticamente todas as características da mãe. Era morena, tinha os cabelos longos e olhos castanho claros; e Eduardo já podia imaginar os problemas que teria com os rapazes quando ela estivesse com seus 15 anos.

Brennt herdara a genealogia do pai. Tinha os olhos azuis, era moreno claro e seus cabelos eram lisos. Ficou imaginando por algum tempo o que Clara diria quando os visse. "Com certeza, sentirá orgulho", ele pensava.

Logo depois que Verônica nasceu, a empresa em que Eduardo trabalhava passou a exportar as peças que produzia para os países vizinhos, e a produção da firma aumentou, fazendo com que os empregados precisassem trabalhar também nas férias. Assim, a promessa de Eduardo de levar a família para apresentar a Clara e a Félix nos Estados Unidos foi sendo adiada. Isso o entristeceu um pouco, e a cada ano que passava, a saudade aumentava ainda mais.

— Quero ir esse ano, querida. Já falei com meu chefe, no mês de junho poderemos partir. Afinal, há vários anos que esta viagem está sendo adiada.

— Que ótimo! Só espero que dessa vez não fique para o ano que vem. Porque quando Brennt nasceu, você prometeu que nós iríamos.

— Pode deixar. Até mesmo os passaportes já estão sendo providenciados. Desta vez é para valer.

Por vezes Eduardo ficava abismado com o tempo que já estava no Brasil. Parecia que os anos tinham voado, e olhar aquela velha lista agora, já não lhe causava mais as mesmas sensações de antigamente. Não havia mais tanto rancor.

Certamente Eduardo nem podia imaginar que caminhos a sua vida teria seguido se não tivesse conhecido Juliana naquela festa. Amava ela e cada um dos seus filhos de corpo e alma, e eram tudo de mais precioso que havia conquistado. Para ele, não havia dinheiro no mundo ou realização de nenhum desejo que valesse mais. Justamente por isso jamais se arrependera de ter ido àquela festa.

Durante o mês de maio, Eduardo resolveu ir ao banco no qual depositava todos os meses parte de seu salário. Sabia que já devia ter um bom saldo, pelo tempo em que vinha fazendo horas extras na empresa e pelo tanto de depósitos que já havia feito. Pelos seus cálculos, daria tranquilamente para fazer a viagem tanto almejada e ainda sobrar uma boa quantia. Eduardo nunca suportou a ideia de ficar sem alguma reserva, pensava sempre em sua mulher e seus filhos: se algum imprevisto acontecesse, ele poderia usar aquele dinheiro.

Quando comentou com Juliana que folgaria no dia seguinte para ir ao banco, está se prontificou a ir junto.

— Que bom! Eu também quero ir. Podemos levar as crianças e aproveitar a tarde para um passeio. O que você acha?

Eduardo não podia negar que era uma boa ideia.

— Certo. Levaremos as crianças, e depois do banco, iremos ao Passeio Público para dar pipoca aos macacos. Está bem assim?

— Está ótimo! E as crianças irão adorar.

Na hora do jantar Juliana parecia estar mais linda e mais carinhosa do que de costume. As crianças adoraram a ideia do passeio. Estavam ansiosas e felizes.

A verdade é que havia algo diferente no ar. Antes de dormirem, Eduardo e Juliana fizeram amor por horas, e depois do orgasmo, Juliana disse a Eduardo que a melhor coisa do mundo para ela foi tê-lo conhecido. Confessou que o amava tanto que não saberia o que fazer se algum dia o perdesse, e o fez prometer que ele nunca a deixaria.

— Mas por que isso agora, meu amor? Eu também te amo! Sabe que nunca vou deixá-la. Nunca. Ouviu bem?

— Então prometa.

Eduardo esboçou um riso carinhoso, levantou-se, colocou seu roupão e ajoelhou-se ao lado da cama. Olhou para ela e jurou solenemente:

— Meu Deus.... Sei que está me ouvindo, porque ouve a todos que clamam o seu nome, e diante de ti, eu agora prometo, por tudo que é mais sagrado nesse mundo, que jamais abandonarei a mulher que se encontra aqui nesse quarto comigo. Eu, Eduardo Mendes Guiold, agradeço em meu nome e em nome de Juliana, a mulher que eu amo. Em seguida virou-se para ela e a beijou.

Ela olhou para ele comovida e disse:

— Mas eu também prometo nunca o deixar, meu amor. Em hipótese alguma.

Ficaram algum tempo olhando um para os olhos do outro, até que adormeceram.

De madrugada Eduardo acordou apavorado. Tivera um pesadelo horrível e demorou muito tempo até que conseguisse voltar a dormir, e quando conseguiu, teve o mesmo pesadelo novamente.

Era um sonho muito estranho, e ele não era de se lembrar de seus sonhos, mas este era tão diferente, que não só se lembrou, como também jamais esqueceria.

Eduardo viu dois anjos se aproximando do local em que ele se encontrava. Era um lugar desconhecido, e quando os anjos chegaram bem perto, ele presenciou uma cena horrenda.

Tão horrenda que chegou a soltar um grito alucinante, porque percebeu que não eram anjos, pois tinham chifres e seguravam garfos. Eduardo silenciou o grito quando o terror o petrificou: e viu quando um deles tirou a dentadura e lhe ofereceu. Instantes depois o outro fez a mesma coisa. Eduardo queria se levantar, sair correndo, mas não conseguia, estava preso, imóvel. Impotente.

Tinha o pijama banhado de um suor gelado quando acordou no meio da noite. E demorou para voltar a dormir. Tinha medo de que o pesadelo se repetisse novamente.

CAPÍTULO 27

Amanheceu um lindo dia, e Eduardo despertou com os doces beijos de Juliana.

— Acorda, meu amor. Já são quase 8 horas.

Eduardo, ainda meio sonolento, relembrou os pesadelos: achou muito estranho a repetição de um sonho tão horrível. Isso nunca havia lhe acontecido antes. Mesmo assim resolveu não contar nada à Juliana: descobriria primeiro o motivo ou o que poderia tê-lo levado a sonhar aquilo. Não queria estragar o seu dia.

Meia hora depois Eduardo se levantou. Estava desanimado e se pudesse dizer que não iria, seria melhor. Mas não podia decepcionar as crianças que já estavam prontas e ansiosas para saírem. Não iriam a nenhum lugar tão especial; o Passeio Público é apenas uma enorme área de lazer, com muitos animais e pássaros, como em um zoológico, porém situado em pleno centro da cidade. Já haviam passado muitas tardes lá, divertindo-se com a bicharada, e, no entanto, as crianças estavam agindo como se fosse a primeira vez. O que fez Eduardo fazer o que não gostava: contrariar os seus instintos.

Eduardo resolveu esquecer suas apreensões. Olhou ternamente para Verônica, e ela estava sorrindo:

— Vamos, papai... A mamãe e Brennt já estão prontos. E eu também. Olha só... Estou bonita?

— Está linda, minha filha! Pode deixar que o papai já está acabando de se arrumar.

Ninguém podia imaginar, porque era segredo do destino, mas os acontecimentos que ocorreriam naquele dia mudariam completamente o rumo da vida daquele casal: e mudariam também o destino da cidade de Curitiba.

Juliana estava simplesmente bela. Usava um vestido preso ao corpo e trazia nos pés uma bota alta e preta. Eduardo estava usando terno e gravata: o brilho de seus sapatos demonstrava o esmero com que ele também havia se arrumado para sair. As crianças estavam umas gracinhas em suas roupas novas; nem parecia que iam apenas ao banco e ao Passeio Público.

Em um dado momento, Eduardo olhou para a esposa e disse repentinamente:

— Você está linda, meu amor! Tenho realmente sorte de ter uma mulher como você ao meu lado, sabia?

Juliana sorriu:

— Seu bobo. A sorte é toda minha. — logo depois acrescentou: — Olha só as crianças! Como estão lindas! Estão crescendo tão rápido que a gente nem se dá conta de que não são mais bebês.

— É verdade — Eduardo falou pensativamente — E tenho certeza de que nos darão muito orgulho, querida. E sabe por quê?

— Não. Mas você vai me dizer, não vai?

— Vou... Porque elas puxaram o pai — ele respondeu sorrindo.

Eduardo entrou sozinho no banco. Um carrinho de pipocas chamou a atenção de Juliana e das crianças.

— Okay... Vocês podem esperar ali, naquele carrinho de pipoca. — Eduardo olhou para Juliana — Eu não me demoro. Acho que consigo resolver tudo bem rápido. Eduardo já tomava a direção do banco, quando Juliana voltou a chamá-lo:

— Eduardo.... Eu te amo!

Ele sorriu para ela e entrou no estabelecimento feliz por ouvir aquelas palavras. Avistou os caixas e dirigiu-se ao que estava com a fila menor; desejava ser atendido rápido para voltar logo. Estava ansioso e alguma coisa lhe dizia que não deveria tê-la deixado sozinha com as crianças lá fora. "Mas... *O que poderia acontecer?*", pensou.

Estava quase chegando ao caixa quando olhou para o relógio e se deu conta de que já estava ali há mais de dez minutos. Já estava ficando impaciente, quando de repente ouviu um estrondo, semelhante a um tiro. Em seguida pôde ouvir pessoas gritando e mais um estampido. Logo após outro, e antes mesmo de poder compreender o que estava se passando, dezenas de tiros estavam sendo disparados. As pessoas que estavam ao seu lado jogavam-se no chão, e ele, por instinto, fez o mesmo.

Algumas pessoas se esconderam embaixo das mesas, outras entraram em pânico. Logo alguém gritou:

— Estão assaltando o banco!

Um outro cliente foi mais preciso:

— É um tiroteio! E vem lá de fora...

Nesse momento Eduardo foi atingido por uma súbita pontada no peito. Como se houvesse levado um daqueles tiros. Mas o tiroteio realmente estava acontecendo lá fora.

De repente os tiros cessaram, e como ninguém sabia ao certo o que estava acontecendo, um dos guardas que estava no interior do banco correu para a porta de entrada e a fechou.

— Ninguém entra e ninguém sai! Até sabermos do que se trata. É para a segurança de todos — disse ele.

Eduardo caiu na real: tinha deixado Juliana e seus filhos lá fora. E era lá que estava o perigo. Correu para a porta, gritando alucinado:

— Me deixem sair!

— Calma, senhor — o guarda tentava explicar — Não pode sair agora. Não é seguro.

— Minha mulher e meus filhos estão lá fora! — a expressão no rosto de Eduardo era assustadora, e de alguma forma o guarda entendeu que ele realmente precisava sair — Abra a porta! Preciso sair — gritou ele.

Do interior do banco, era impossível ver o que estava se passando lá fora. Só se ouvia um corre-corre de pessoas para lá e para cá, dando a entender que algo muito sério estava acontecendo.

A cena que Eduardo presenciou assim que conseguiu sair da agência bancária era simplesmente aterradora e sangrenta. A princípio, ele viu um tumulto de policiais e pessoas civis gritando apavoradas:

— Eles correram para lá! — apontou alguém.

— Não. Eles fugiram pela outra rua! — disse outro.

Eduardo procurava por Juliana e seus filhos, mas não conseguia vê-los, e uma sensação de pânico começou a sufocar sua garganta.

No meio da canaleta do ônibus havia um grupo de pessoas, e a uns 15 passos, outro grupo.

Eduardo continuava gritando por eles:

— Juliana! Verônica! Brennt! Onde vocês estão?

Angustiado aproximou-se do primeiro aglomerado de pessoas, e nunca pensou que algum dia presenciaria a cena trágica que presenciou.

Verônica e Brennt estavam debruçados sobre o corpo da mãe, caído no asfalto, já sem vida.

— Fale comigo, mamãe... Fale comigo! — suplicava Verônica.

— Faça ela voltar — Brennt implorava entre soluços.

Eduardo ficou paralisado. Não podia acreditar. Aquilo não podia ser real. Mas era.

Revoltado, perdeu o controle da situação. De uma hora para outra viu que tudo havia se desmoronado. Seus planos e sonhos com a esposa estavam acabados. O grande amor de sua vida agora havia partido, e para nunca mais voltar.

Chorou como criança. Abraçou o corpo de Juliana e tentou reanimá-la. Mas tudo em vão. Juliana estava morta. O tiro fora fatal: atingira a nuca.

A tragédia aconteceu na avenida Marechal Floriano Peixoto, uma extensa e movimentada avenida, com três vias, sendo uma delas a central, exclusiva para o tráfego dos ônibus que interligam o centro da cidade ao bairro Alto Boqueirão. Alguns minutos depois, dois expressos vermelhos que vinham em sentidos opostos pararam um de cada lado, fechando a cena. Em questão de pouco tempo chegaram ao local as ambulâncias e dezenas de viaturas policiais. A confusão era tão grande, que parecia que uma guerra estava acontecendo na pacata Vila Hauer. Aos poucos os fatos foram sendo esclarecidos.

Havia ocorrido um assalto a uma joalheria que ficava a poucos metros do banco. Mas no momento da fuga, os bandidos foram surpreendidos por dois carros da polícia, que já havia sido avisada por um pedestre que passava em frente à loja. A partir daquele momento, desencadeou-se um verdadeiro tiroteio.

No centro do outro aglomerado de pessoas que havia na pista, estavam os corpos de dois dos cinco homens que praticaram o assalto, os outros conseguiram fugir.

Enquanto providências eram tomadas, Eduardo continuava fora de controle:

— Quem a matou? Por quê? Volte, Juliana! Não me deixe!

Em estado de choque, foi levado pelos médicos para a ambulância. Relutou o quanto pôde, mas não adiantou: Juliana se fora e havia levado junto as suas forças.

CAPÍTULO 28

Juliana foi sepultada no dia seguinte a tragédia. A polícia apresentou nota aos jornais lamentando o fato e afirmando que a vítima fora atingida por um projétil proveniente da arma acionada por um dos assaltantes, descartando a possibilidade de a moça ter sido morta por um dos policiais.

Durante o enterro Dona Cícera se perguntava o motivo daquilo. Com tantas pessoas na rua àquela hora, por que justamente a sua filha foi escolhida? Chegou mesmo a pensar que Deus não havia sido justo. O que seria agora das crianças?

Para Eduardo era como se o tempo tivesse parado ali. Sentia que junto com aquele caixão escuro, triste, e coberto por flores, descia também sua alma; ou pelo menos, parte dela. Havia se entregado totalmente à Juliana, e não sabia como sobreviveria dali para frente sem ela.

Verônica e Brennt passaram pelo pior trauma que duas crianças naquela idade podiam passar. Estavam presentes no momento do tiro, Viram Juliana cair no chão, derrubando o pacote de pipocas e olhando fixamente para eles. Guardariam a última expressão de seu rosto para sempre, e jamais esqueceriam aquele último olhar. O olhar de despedida.

Nas semanas que se seguiram, Eduardo sequer conseguiu sair do confinamento ao qual se submetera. Estava muito arrasado, sem ânimo, e completamente deprimido. Mesmo assim, não podia esquecer que tinha dois filhos que dependiam de sua recuperação emocional, porque, querendo ou não, a vida iria continuar.

Eduardo tentou de todo jeito avisar Clara pelo telefone, porém não conseguiu falar com ela. Pensou muito em como enfrentaria o futuro: precisava pensar com cuidado em Verônica e em Brennt. Sabia que não poderiam continuar morando naquela casa, onde tudo lembrava Juliana. Precisava encontrar uma forma de amenizar a dor.

Decidiu que a melhor alternativa seria abandonar o Brasil. Voltaria aos Estados Unidos e começaria uma nova vida. Seus filhos poderiam aprender o inglês e se adaptar ao novo país. Talvez fosse a única forma de encontrar um novo sentido para a sua vida: arrepender-se-ia amargamente por um dia ter pisado em solo rasileiro. "Maldito carrinho de pipocas".

Era fácil se torturar. Bastava lembrar-se que se não tivesse deixado Juliana e as crianças sozinhas, talvez a esposa ainda estivesse viva. Talvez não tivesse levado aquele tiro: mas como saber? Será que não devia ter deixado que os filhos comprassem pipoca? Parecia tão normal! Uma cena tão inocente. De quem seria a culpa? Do pipoqueiro? Da polícia, por negligência em começar um tiroteio em plena via pública? Dele mesmo? Ou dos bandidos, que queriam apenas sair com algumas joias completamente sem valor se comparadas à inestimável vida de sua esposa? Não havia como saber. Por mais que não quisesse, carregaria uma parte da culpa pelo que acontecera para o resto da sua vida.

CAPÍTULO 29

Sessenta dias depois, Eduardo e seus filhos desembarcaram no aeroporto de Nova Iorque, levando junto com a bagagem muita decepção. Era a primeira viagem de avião de Verônica e de Brennt, e a experiência poderia ter sido maravilhosa, se Juliana estivesse presente. Mas ela não estava.

Uma das coisas que o confortava era saber que poderia contar com Clara, chorar em seu ombro e pôr para fora toda aquela angústia que o estava atormentando. "Deveria ter vindo antes", pensou. "Assim Clara teria conhecido Juliana". Agora, porém, não adiantava se lamentar. "Dez anos", continuava pensando. "Dez anos é muito tempo. Como será que ela está?"

Antes que Eduardo chamasse um táxi, Verônica perguntou-lhe:

— Papai, como é Clara?

Eduardo pensou um pouco, e respondeu:

— Ela é linda.... É bondosa e quer muito conhecer vocês pessoalmente.

— Pessoalmente? — perguntou a menina.

— É... Pessoalmente. Por fotos, ela já os conhece. Papai já mandou muitas. Desde quando vocês nasceram. E vamos chegar de surpresa. Ela deverá ficar muito feliz!

Ao chegarem no endereço de Clara, Eduardo espantou-se com as mudanças. A propriedade havia passado por profundas modificações e nada lembrava a velha casa de antigamente.

— Nossa! Como tudo mudou. Se o número não fosse o mesmo, diria que esta não é a mesma casa de dez anos atrás.

— E como era ela era há dez anos papai? Perguntou Verônica.

— Era bem diferente, não era tão moderna assim.

Além da casa, Nova Iorque também estava diferente, estava bem mais bonita; como Eduardo queria que a esposa estivesse presente...

Eduardo demorou quase dez minutos apertando a campainha, quando finalmente um homem alto, usando chapéu preto e um bonito sobretudo abriu a porta. Olhou abismado por um momento para os visitantes; caminhou lentamente quase uns 20 metros entre o jardim e o portão, e disse:

— Como você demorou!

A primeira coisa que Eduardo perguntou foi:

— Onde está Clara?

Em resposta, Félix abraçou-o e convidou-os para entrar.

Num relance, Eduardo pressentiu que havia algo muito errado, mas procurou afastar qualquer pensamento negativo de sua mente. O cansaço da viagem estava agora se refletindo em seu corpo.

Quando entraram, Félix procurou não formular a pergunta que o estava intrigando: "onde está Juliana?". Estava tentando se concentrar na maneira mais serena de dizer a Eduardo que Clara Mendes não estava mais entre eles. Era uma missão difícil, não sabia como ele reagiria ao impacto da notícia; sabia apenas que Eduardo amava Clara como se fosse sua legítima mãe, e que sofreria muito a notícia, como ele próprio estava sofrendo. E tudo o que podia fazer era tomar coragem e falar a verdade. Porém assim que se sentaram, Félix questionou:

— Por que demorou tanto para voltar, Eduardo? — havia um tom de angústia contagiante em sua voz. Eduardo tentou explicar:

— Deus sabe como desejei ter vindo antes, Félix. Mas não foi possível.

Félix pressentiu que havia chegado a hora de falar a verdade.

— Não sei como lhe contar, Eduardo — Félix começou a falar lentamente, com voz pausada e triste — Às vezes, a vida parece ser engraçada e ingrata ao mesmo tempo; em algum momento nos dá algo, e quando menos esperamos, ela nos tira. E nem percebemos quando isso vai acontecer. Quando temos que ganhar, ganhamos, e quando temos que perder, perdemos. O grande erro que cometemos é não darmos atenção aos sinais, e isso faz com que não percebamos nunca quando as coisas vão mudar.

Eduardo manteve-se em silêncio, analisando aquelas palavras, tentando compreender aonde ele queria chegar.

— O que está tentando me dizer? — perguntou, pressentindo que ouviria o que não gostaria de ouvir.

Félix foi direto.

— Clara faleceu há uma semana, Eduardo... Vítima de um infarto.

Eduardo ouviu atentamente, mas seu cérebro não admitia aceitar o que ele estava ouvindo. Não podia ser verdade. Félix só podia estar brincando. Mas ao olhar nos olhos dele, viu que ele estava chorando!

— É a vida, Eduardo. A triste realidade da vida — disse ele.

Agora, sim, o mundo inteiro parecia estar desmoronando na sua cabeça. Ele olhou para cima e perguntou.

— Por que, meu Deus? Por quê?

— Existem perguntas para as quais, Eduardo, nós, os pobres mortais, jamais encontraremos as respostas.

E Eduardo sabia que ele tinha razão.

PARTE 4

A COLIGAÇÃO

"VINTE ANOS DEPOIS"

CAPÍTULO 30

Ruchitr, Alemanha

Richard Brennt Shour agora já era um homem com idade avançada, e receava não viver o suficiente para poder ver a vingança concretizada.

Sturt e Gruguer desejavam ardentemente realizar o grande sonho do pai, porém, com as dificuldades financeiras que estavam enfrentando, não podiam fazer nada. A esperança que tinham era que alguém da lista os procurasse, mas como estavam esperando a anos começavam a achar que isso nunca iria acontecer.

Sturt era o que mais se preocupava. Um dia comentou com o irmão:

— Sabe, Gruguer, já estou com quase 30 anos e não vejo como fazer o que o nosso pai nos pediu. A não ser que começássemos a procurá-los, mas sem recursos isso é praticamente impossível. Precisaríamos no mínimo contratar um bom detetive, mas no ritmo em que vão nossos negócios, nossa situação financeira não nos permite.

No fundo os dois sabiam que se não realizassem o sonho do pai, não ficaria em paz consigo mesmos.

Gruguer casou-se quando tinha 25 anos, com Helena Eisler, uma mulher da mesma idade e também alemã. Não tinham filhos e não pretendiam ter, levando uma vida normal.

A pequena serraria que tinham não conseguiu competir com a concorrência e estava fechada há anos, obrigando-os a trabalhar como simples funcionários para as serrarias de grande porte, que exploravam ao máximo os seus empregados, pagando pouco e exigindo muito. Não era fácil, mas era uma alternativa segura de sobreviverem.

Sturt preferiu não se casar. Em 1977 apaixonou-se por uma garota que havia saído com ele poucas vezes, porém o suficiente para tirar o rapaz do plano real.

Em 1978 decidiram morar juntos, e um ano depois estava tudo acabado. Ela apaixonou-se por outro, e Sturt acabou percebendo que ela não era a mulher ideal para ele: cada um seguiu o seu caminho, e pouco tempo depois Sturt já estava apaixonado novamente. O rapaz possuía a síndroma da "paixão relâmpago". Não ficava muito tempo com uma mesma mulher.

Com o falecimento de Ilze, Richard preferiu ficar sozinho, não pensando mais em se casar novamente. E quando os filhos perguntavam o porquê, ele apenas respondia que se sentia bem assim, sozinho, e que nenhuma mulher iria substituir o lugar da mãe deles. O que deixava claro que ele nunca havia deixado de amá-la.

Quando 1985 chegou, Richard foi se encontrar com ela. Estavam saboreando um delicioso jantar com a família toda reunida; conversando sobre vários assuntos, e também sobre a hipótese de reabrirem a serraria. Gruguer havia proposto a ideia de buscarem um empréstimo bancário, porém sabia que para isso precisavam ter a certeza de que a pequena serraria iria progredir, a fim de poderem pagar os juros absurdos que os bancos requisitavam, e Richard disse:

— Não deixa de ser uma boa ideia, filho. Talvez você deva tentar.

Sturt interveio:

— O nosso problema é a concorrência que ainda é muito forte, e por estarem bem estruturadas podem fornecer os menores preços. Foi justamente isso que nos arruinou.

Gruguer concordou.

— É verdade. Temos que pensar muito bem antes de tomarmos qualquer iniciativa.

Após o jantar, todos foram para a sala de estar e continuaram conversando. Richard comentou:

— Se estão pensando em reabrir a serraria mesmo, devem fazer em grande estilo, e com todo o entusiasmo que possuem. Para vocês, que ainda são jovens, vale a pena tentar.

Na sequência, Richard tomou mais um gole do vinho que estavam bebendo, e, percebendo que todos o ouviam atentamente, continuou:

— Eu já estou no final da vida, meus filhos, mas graças a Deus consegui criá-los com boa educação. Só lamento não ter cumprido ainda a minha palavra quanto ao pacto que um dia jurei que cumpriria.

Logo depois disse:

— Acho que vou me recolher. É tarde, e estou cansado.

Mas ao levantar-se, teve a súbita impressão de que haviam apagado as luzes. Sentiu-se tonto e caiu no assoalho encerado.

As últimas palavras que conseguiu pronunciar, foram:

— Cumpram o pacto por mim, meus filhos! — e não mais se levantou.

Havia sofrido um derrame fulminante.

Tentaram fazer de tudo para reanimá-lo, mas já era tarde demais. Ele havia falecido após aquele pronunciamento. Morrera antes mesmo de completar 70 anos e sem ver o sonho da vingança se concretizar.

CAPÍTULO 31

Berlim, Alemanha
1995

Durante as décadas que haviam se passado desde a inauguração da empresa, muita coisa havia mudado. Conseguiram ampliar as lojas para o exterior e já contavam com filiais em vários outros países. O nome da empresa agora era "Alambert e Cia Ltda", devido a terem expandido os negócios para diversos setores, como supermercados, farmácias, frigoríficos e restaurantes.

Era como se o vento que um dia soprou a seu favor, nunca o tivesse abandonado. Todas as pequenas empresas que compravam, geralmente à beira da falência, com muito trabalho e ousadia rapidamente passavam a dar lucros, fazendo com que o patrimônio da Alambert alcançasse o patamar das empresas mais ricas do planeta: sem dúvida nenhuma, ele havia chegado ao topo do mundo.

Apesar de tantos anos terem se passado, aquele desejo que ardia em seu coração, "a vontade de concretizar aquele pacto que fizera com seus amigos", nunca deixou de arder em seu coração, e agora que já estava velho e milionário, nada e ninguém poderia impedi-lo.

Ficara conhecido como mão de ferro, e coração de aço: aos 70 anos se encontrava em plena forma, e a sua rotina era viajar de um país a outro resolvendo os inúmeros problemas que surgiam dia a dia nas filiais espalhadas pelo globo.

Jimmy também não perdera tempo, havia se formado em administração de empresas na melhor faculdade da Alemanha e passou a gerenciar uma parte dos negócios.

Jimmy havia casado há mais de dez anos com Elizabete Rofimam, filha de um farmacêutico que conheceu quando a Alambert comprou a rede de farmácias que pertencia à família da moça. Foi um ano de namoro, e depois o casamento. Ela tinha estatura mediana e olhos de um castanho extremamente intenso, rosto definido e cabelos negros e longos que desciam até a cintura. Era meiga e simpática e logo passou a trabalhar junto com ele.

Quando 1998 despontou, Carssom apareceu com a firme proposta de abrirem filiais na América do Sul, mais precisamente no Brasil e na Argentina. Depois de várias análises, concluiu que os negócios estavam indo bem nos países subdesenvolvidos do terceiro mundo e que seria uma ótima oportunidade investir nos mesmos.

— Quer dominar o globo por inteiro, não quer? — antes mesmo que Buber respondesse, Carssom continuou — Acho importante a companhia fazer-se presente em todos os continentes. Não concorda?

Buber ficou pensativo, havia passado as últimas décadas numa batalha árdua, tentando esquecer aquele sentimento de vingança e revolta pela extradição assinada por Getúlio Vargas, mas bastava olhar para a sua mão de ferro e as lembranças reapareciam. Não havia como fugir delas: estava dentro dele.

Foi naquele dia que ele resolveu. Estava na hora de cumprir o antigo pacto.

— E então? Não acha que é importante para a companhia?
— Vamos conversar.

CAPÍTULO 32

Mais tarde, Carssom arrependeu-se profundamente por ter tocado no assunto de expansão para o lado do Brasil. Havia concluído que Buber tinha esquecido aquela história de vingança, e acabou compreendendo que estava totalmente enganado: ele só estava esperando o momento certo para agir.

— Quero que esqueça a Alambert por algum tempo. — pediu Buber, no dia em que tivera aquela conversa sobre a expansão da companhia — Quero que localize todos os membros da lista que guardo comigo, o mais rápido possível, e ninguém além de nós pode saber disso.

Apesar de preocupado, Carssom não podia decepcioná-lo, e disse:

— Pode contar comigo.

Com Carssom estava resolvido. Faltava apenas conversar com Jimmy, mas Buber sabia que o filho o apoiaria.

— Já lhe contei toda a história, meu filho, agora é hora de começarmos a agir. O que você acha?

Jimmy pensou um pouco, depois respondeu:

— Acho que está certíssimo, meu pai. Pode contar comigo para o que der e vier.

Para que o plano que tinha em mente desse certo, era preciso que os membros ou descendentes daquela lista se reencontrassem, e decidiram que uma vez por semana conversariam sobre aquele assunto em um dos escritórios da sede da empresa, com o cuidado para que tudo ficasse no mais absoluto sigilo.

Foi então que o advogado começou a busca, e para isso não poupou recursos: contratou detetives especializados em encontrar pessoas desaparecidas. Como já havia se passado muitos anos, é claro que eles sabiam que não seria uma tarefa fácil.

Para Jimmy, que sempre acreditou que seria possível que seu pai cumprisse aquele pacto, o primeiro passo já havia sido dado.

Estava empolgado e ansioso para que Carssom conseguisse cumprir logo e com êxito a missão de que havia sido encarregado.

Como Carssom conhecia Buber há muito tempo, o grau de amizade que havia surgido entre eles era muito grande, e ele fazia de tudo para não decepcionar o amigo, mas nesse caso ele tinha certeza de que aquilo que estava fazendo não era certo. Não queria ser responsabilizado pelos fatos que poderiam se desencadear após os descendentes daquela lista se reencontrarem, e o que mais o preocupava era que se todos compartilhassem do mesmo desejo de Buber, com a mesma intensidade, então ninguém poderia impedi-los de causarem uma grande tragédia.

Sempre fora contra a violência, e o que via nos olhos de Buber quando ele lhe contava a história da promessa de vingança causava-lhe muito medo, por saber que quando o Mão de Ferro estava determinado a fazer alguma coisa, de uma forma ou de outra sempre acabava conseguindo.

Não demorou muito para que os detetives contratados lhe trouxessem boas notícias: haviam iniciado a busca na Alemanha e descobriram que Richard Brennt Àlamo, desde que fora libertado do campo de Ravensbruk, havia se estabelecido em Ruchitr, até a sua morte, deixando dois filhos.

Restava agora saber se os filhos de Richard sabiam alguma coisa a respeito da promessa e do pacto que o pai havia feito.

CAPÍTULO 33

Ruchitr, Alemanha

Sturt e Gruguer estavam em casa. Era um sábado de sol e ambos estavam de folga. De repente, foram interrompidos pelas palmas que vinham lá de fora: Helena gritou da cozinha:

— Alguém atenda a porta!

Gruguer olhou para Sturt.

— Está esperando alguém?

— Não — disse Sturt, levantando-se.

O homem que batia as palmas era já de idade. Usava óculos e trajava roupas modernas no estilo social. "Tomara que não seja cobrador", pensou.

— Pois não! O que deseja?

— Quero falar com a família Shour.

O tom da voz do homem o surpreendeu. A voz era firme e ele parecia estar decidido.

Ao aproximar-se do portão, Sturt perguntou:

— Com quem exatamente deseja falar?

O homem fitou-o bem nos olhos. Leu alguma coisa neles, e em seguida pediu para entrar.

Esse homem era Carssom.

CAPÍTULO 34

Nova Iorque, Estados Unidos

No céu de Marte, a lua estava em trígono com Plutão, indicando que o dia estava propício a ótimas influências derivadas do cosmos e que nenhum capricorniano ou capricorniana deveria se deixar influenciar com as conjecturas que tendem a desviar as criaturas do verdadeiro caminho. Para os nascidos sobre a regência desse signo, seria o dia mais positivo do ano, e Brennt adorou ter ouvido aquilo no rádio logo cedo. Acordou bem-humorado e cheio de disposição, o que raramente acontecia.

Brennt estava na casa dos 30 anos, e teve muitas oportunidades de se dar bem no país mais poderoso do planeta, mas lamentavelmente não soube agarrá-las, e como a maioria dos seres humanos, lamentava-se por não as ter aproveitado.

Verônica agora era uma bela mulher. Nada lembrava a garotinha que havia deixado a cidade de Curitiba com a triste dor de ver a mãe morta na canaleta dos ônibus da cidade. Havia herdado todos os traços da mãe, e se Eduardo estivesse vivo, teria muito orgulho em ver que a filha se parecia com mãe.

Os olhos, os cabelos, e as feições delicadas eram idênticas, e por muitas vezes ela agradecia a Deus por ter herdado tamanha beleza.

Era óbvio que ela tinha motivos mais do que suficientes para guardar rancor do Brasil pela morte de sua mãe e pelo falecimento de seu pai, que dois anos depois da tragédia, sem se conformar e em estado de total depressão acabou por vir a falecer, fazendo com que ela e o irmão sentissem mais ódio e revolta por tudo o que havia acontecido.

Verônica e Brennt lembravam-se do pai lhes contando como a verdadeira avó deles havia sofrido por ter sido deportada do Brasil, mas eram apenas vagas lembranças; tudo passou a fazer sentido quando começaram a ler com atenção as velhas cartas que Sheila Guiold havia escrito ainda dentro do campo de Lichtemburg, todas destinadas a Eduardo, e aquilo tudo mexia profundamente com eles.

Antes de Eduardo falecer, ele havia procurado um homem conhecido pelo poder de desvendar sonhos, e quando lhe contou o sonho horrível que tivera um dia antes de Juliana ser baleada, teve a confirmação que já esperava: o homem lhe dissera que os anjos do mal haviam aparecido para lhe avisar que a morte e a tristeza se aproximavam de sua aura.

O homem explicou detalhadamente que as dentaduras que os anjos maus lhe ofereceram seriam uma de Juliana e a outra de Clara Mendes. E para desespero dele, o homem também lhe confessara que Juliana e Clara estavam lhe esperando em algum lugar. Um ano depois de ter conversado com esse homem, o coração do viúvo parou de pulsar, embora todos soubessem que de certa forma Eduardo havia morrido junto com Juliana no dia em que vira seus filhos debruçados sobre o corpo inerte da mãe.

A partir daquele momento, Eduardo passou por uma metamorfose, transformando-se. Quando chegou com os filhos nos Estados Unidos e descobriu que Clara já não estava mais entre eles, entrou em uma espécie casulo e não saiu mais.

Trancando-se dentro de casa, ficou sem ânimo para nada, e algumas vezes saía a esmo, voltando sempre bêbado e mais triste do que se encontrava antes.

O socorro para Verônica e Brennt veio de Aírton Félix, que se apegou às crianças para superar a perda de Clara e decidiu que faria delas pessoas felizes, destinando todo seu tempo a criá-las com amor e carinho.

E Aírton fora bem-sucedido em seu intento. Os pequenos agora eram adultos, e tratavam-no com todo respeito, amor e carinho.

O que Brent e Verônica esperavam do destino era que alguém daquela lista que haviam lido mais de mil vezes, aparecesse e os chamasse para se vingarem daquele país, que, para eles, era medíocre: que deportara a avó legítima deles e ainda havia assassinado Juliana. Antes de saírem do Brasil, cerca de um mês após o ocorrido, uma publicação em um jornal de Curitiba destacava a fatalidade do episódio, constatando que na verdade, a bala que atingira Juliana saíra de uma das armas que a polícia estava utilizando, ficando então provada a culpa e a negligência dos homens da lei: não havia como perdoá-los.

Como estava de bom humor e de folga, Brennt decidiu que faria um passeio ao Central Park. Gostava de passear em locais onde podia ficar pensando nos caminhos obscuros e nos caminhos claros da vida. Desejava saber o que fazer para acabar com a angústia que o atormentava: desejava aceitar os fatos como realmente eram, mas não conseguia. Não conseguia aceitar a perda de seus pais. Se perguntava por que um Deus cheio de misericórdia e amor deixava seus filhos sofrerem a esmo? Por que as guerras e os conflitos aconteciam? Por que o maior dos mandamentos não fazia sentido para as pessoas, "amar o próximo como a si mesmo? "O que ele podia esperar do mundo?

Antes de sair, passou pelo quarto de Verônica, e percebeu que a irmã não havia dormido em casa. Já fazia algum tempo que ela vinha saindo frequentemente com um homem que insistia em dizer que era seu futuro marido. Brennt aprovou satisfeito, pois não compreendia por que a irmã havia se guardado por tanto tempo, sendo tão jovem e tão linda.

Aírton Félix estava na igreja, como era de costume. Orgulhava-se por ter conseguido criar aquelas crianças e feito delas pessoas decentes. Verônica e Brennt nunca demonstraram para ele os seus desejos de encontrar alguém que os possibilitasse concretizar o desejo do pai: mas os dois irmãos por vezes passavam horas a fio conversando sobre aquela lista, e sempre se lembravam do que Félix pensava em relação ao passado. E por respeito ao velho avô, sempre silenciavam.

Quando Brennt saiu, estava pensando em si mesmo: por que nunca se casara? Teve muitas namoradas, porém nenhuma o fez pensar em casamento.

Ao atravessar uma transversal pouco movimentada, foi surpreendido por um súbito medo; apenas ouviu a buzina, sentiu o choque, e desmaiou.

Algum tempo depois, Brennt acordou. Quando abriu os olhos, uma linda mulher a sua frente lhe olhava fixamente, e com aquela visão ele sentiu se estivesse no céu, ou em algum paraíso. Aqueles olhos eram lindos, e de repente, aqueles lábios bem definidos se mexeram, e ela disse:

— Ele está bem. Apenas um pouco debilitado.... Teve muita sorte, as radiografias não apontaram nenhuma fratura.

E tudo voltou à tona. Brennt percebeu que se encontrava em um hospital, mas não sabia o porquê e nem o que havia acontecido. Viu a enfermeira se afastar com o médico: tentou chamá-los, mas a voz lhe fugiu.

Olhou para os lados. Estava sozinho em um quarto comum de hospital. Ao lado, na mesinha, havia um cartão: Brennt pegou e leu.

"Albert Benner – Diretor de Projetos Espaciais". Era um cartão da NASA. Logo abaixo havia o número de um telefone celular.

Com o cartão na mão, sua mente imediatamente lhe devolveu a lembrança do que ocorrera. "Fui atropelado", constatou.

CAPÍTULO 35

Albert Benner estava atrasado. Trabalhava e morava em Houston, mas estava em Nova Iorque para uma conferência que havia demorado mais tempo do que ele havia previsto.

Ele pretendia buscar Ketlem, a filha de apenas seis anos que estava no hotel e voltar para Houston, onde um sério compromisso o aguardava. Tinha pouco tempo, mesmo assim dirigia em velocidade normal, quando aquele ser apareceu em sua frente.

— Meu Deus — exclamou horrorizado.

Freou o carro freneticamente, mas não conseguiu evitar o choque. Albert desceu do automóvel concluindo que pela primeira vez tinha matado alguém de forma direta, e a cena fazia mesmo jus às conclusões do diretor de projetos espaciais.

Albert era um figurão que trabalhava há mais de vinte anos na NASA, e como físico nuclear desenvolvia projetos que visavam diminuir o tamanho e aumentar a potência das bombas nucleares. Era alto, tinha o rosto claro e olhos escuros. Como a maioria dos cientistas, usava óculos e seus trajes eram um tanto deselegantes, embora os traços firmes de seu rosto e as grossas sobrancelhas revelassem que ali se encontrava um homem de grande inteligência.

Vendo o corpo estendido no chão todo ensanguentado, Albert não pensou duas vezes: apanhou o celular e ligou para o número de emergências, em menos de vinte minutos a ambulância chegou ao local.

Um grande grupo de pessoas curiosas se juntou em volta do corpo de Brennt. Uns afirmavam que ele estava morto, outros diziam que o rapaz estava apenas desmaiado. Mas isso não afligia Albert, que já tinha constatado a pulsação do ferido e sabia que o homem estava apenas desfalecido, e que o sangue saía de um pequeno corte na cabeça.

— Está desmaiado — constatou um dos médicos — Mas precisamos verificar se há fraturas.

Instantes depois colocaram Brennt na ambulância. Albert deixou o seu cartão com o médico e disse:

— Avise-o assim que ele voltar a si que logo mais irei ao hospital para ver como ele está. Tenho compromissos ainda hoje em Houston, mas nessas circunstâncias terei que cancelá-los. Quero vê-lo e saber se realmente vai ficar bem. Espero que não tenha sido nada grave. O infeliz apareceu do nada na frente do carro!

— Essas coisas acontecem. Mesmo tomando cuidado muitas vezes se torna inevitável certos atropelamentos. Há sempre alguém, em seu segundo de bobeira, que acaba levando a pior todos os dias — comentou o motorista da ambulância, acelerando, rumo ao hospital.

Albert já havia telefonado para sua filha. Agora iria para o hotel encontrá-la. Estava certo de que aquele homem ficaria bem. Mas queria ter certeza.

Ele não quis comentar o episódio com Ketlem para não a preocupar. Mas o primeiro comentário da menina, ao perceber o pequeno amassado no capô do carro, foi:

— Você atropelou alguém, papai? O capô do carro está amassado. É por isso que está com essa aparência?

Se Albert tinha algo de poder se orgulhar, era a espantosa inteligência de sua filha. Com seis anos, a menina já tinha plena certeza do que queria ser quando crescesse: cientista como o pai.

Albert sabia que era inútil tentar mentir para a filha, então simplesmente falou a verdade:

— Um homem entrou de repente na frente do carro. A sorte dele é que eu estava dirigindo devagar.

— E ele se machucou muito, papai?

— Não! Ele está no hospital. Papai chamou a ambulância e o médico constatou que ele só estava desmaiado.

Ketlem ficou pensando.

— Será mesmo que ele não quebrou nada? Se ele desmaiou, ele não podia falar.

Albert virou-se para ela.

— Houve um pequeno corte na cabeça. Mas com certeza não foi nada grave. Passarei no hospital mais tarde, para ver como ele está.

— Tomara que ele não tenha se machucado muito — disse a menina, pesarosa com a sorte do desconhecido.

Ketlem havia perdido a mãe quando tinha apenas dois anos. Ela morrera em um acidente de automóvel, quando trafegava pelos cânions do Texas. Sem explicação o carro havia caído em um desfiladeiro, explodindo logo em seguida.

Foi lamentável para todos, mas com o passar do tempo, a dor foi sendo superada. A menina não conseguia se lembrar muito da mãe, mas as poucas lembranças que tinha, guardaria para sempre.

CAPÍTULO 36

Ruchitr, Alemanha

Sturt e Gruguer demoraram para acreditar no que estava acontecendo. Era quase como um milagre, apesar de só depois da morte de Richard esse milagre ter acontecido.

Já fazia mais de 50 anos que os membros da lista haviam combinado de se reencontrarem, e eles não podiam deixar de lamentar o fato de o pai não estar presente para ouvir o que aquele homem estava falando:

— Trabalho para o senhor Buber Alambert, o mesmo homem que esteve com o pai de vocês em Ravensbruck, e estou aqui para saber se estão cientes do pacto que eles fizeram.

Gruguer e Sturt entreolharam-se, e poderiam responder àquela pergunta de imediato, mas resolveram fazer um pouco de suspense, certos de que um deveria estar pensando a mesma coisa que o outro.

— Estamos cientes de tudo..., mas por que exatamente veio nos procurar? — perguntou Gruguer.

Carssom sabia que teria que ser cauteloso. Apesar de não saber exatamente o que eles pensavam a respeito de tudo aquilo, imaginava que eles também iriam querer fazer justiça pelo que Richard havia sofrido quando fora deportado do Brasil; mas de qualquer maneira, era prudente que escolhesse bem as palavras que iria utilizar.

CAPÍTULO 37

Nova Iorque, Estados Unidos

Verônica e Albert chegaram juntos no hospital. Ela só ficou sabendo do acidente horas depois e estava ansiosa para saber como seu irmão estava.

Os dois dirigiram-se à recepção; havia duas enfermeiras atrás do balcão. Verônica perguntou a uma das moças em qual quarto Brennt se encontrava, e Albert perguntou sobre o paciente que havia sido atropelado por um carro e que deveria ter dado entrada naquele hospital há algumas horas.

As moças ocuparam-se com os computadores. Uma delas perguntou à Verônica:

— É a esposa dele?

Verônica respondeu depressa:

— Não, não. Sou irmã... Como ele está?

— Um momento, por favor.

Albert encantou-se com a beleza de Verônica. E a moça olhou sutilmente para o desconhecido que não lhe tirava os olhos. Porém Albert não conseguiu decifrar se as atitudes de Verônica eram de interesse, ou era apenas o seu jeito de olhar.

— O senhor Brennt está no quarto 214. Vocês estão juntos?

Os dois entreolharam-se.

— Não — respondeu Verônica.

Albert entendeu que precisava agir rápido:

— Então você é a irmã dele? — perguntou.

Verônica estava confusa.

— Sim. E quem é você? Não vai me dizer que se trata do homem que o atropelou?

— Exatamente. Mas não tive como evitar, seu irmão atravessou a rua sem olhar para os lados. Felizmente, costumo dirigir devagar.

— Bom. Pelo menos você parou para socorrê-lo, ao contrário de muitos, que nem isso fazem.

— Longe de mim fazer isso. Mas concordo com você. O mundo está cheio de pessoas maldosas.

Uma das enfermeiras interveio:

— Pelo que consta no fichário, o senhor Brennt está em observação e não sofreu nenhuma fratura.

— Posso vê-lo? — perguntou Verônica.

— Podem subir.

— Eu te acompanho — disse ele.

O cientista levou Verônica ao elevador e subiram numa empolgada conversação. Albert descobriu que a moça era comprometida e que adorava o irmão. Soube também que os pais deles haviam falecido quando eram ainda pequenos e que um precisava muito do outro. Verônica esclareceu que, além de irmãos, eram também amigos.

Quando a porta do elevador se abriu, Albert estava comovido

— Que linda história! Daria um bom livro!

Verônica sorriu. Quando se deu conta, estavam diante do quarto e sem perceber, estava conversando com Albert como se fossem velhos amigos.

— Agora vamos ver como realmente seu irmão está — disse ele, deixando-a entrar na frente.

Após abrirem a porta, Verônica e Albert surpreenderam-se ao encontrarem o quarto vazio.

— Mas não tem ninguém — exclamou Verônica.

— Ora! Mas ele deveria estar aqui. Tenho certeza de que o número que a enfermeira nos forneceu é esse.

Repentinamente, uma porta nos fundos do quarto se abriu.

— Estou aqui! — anunciou Brennt — Estava no banheiro.

Realmente Brennt estava bem. Tinha apenas um curativo no lado esquerdo da cabeça e alguns aranhões nos braços. Não sabia quem estava com a irmã, mas deduziu que seria o homem do cartão.

— Como pode ver, não foi dessa vez, mana — Brennt falou sorrindo — Um maluco tentou me atropelar e deixou este cartão aqui. Acho que vou ligar e pedir uma indenização. Olha só os meus braços!

Albert aproximou-se e estendeu a mão.

— Eu sou o homem do cartão.

CAPÍTULO 38

Ruchitr, Alemanha

Quando explicou que o senhor Alambert estava disposto a realizar a vingança, para que o velho pacto selado com sangue se cumprisse, Carssom conseguiu o que queria, pois, os olhos de Sturt e Gruguer brilharam.

Os dois irmãos lembraram-se nitidamente das últimas palavras do pai, pedindo para que eles pagassem aquela promessa. Agora alguém estava finalmente tentando reunir os membros da lista ou, pelo menos, os descendentes dela, para que isso fosse possível.

Helena permaneceu na sala, ouvindo em silêncio a conversa e imaginando no que tudo aquilo poderia dar.

— E se conseguir reunir todos, esse tal de Buber já tem algum plano para realizar a tal vingança? — perguntou Sturt.

— Só depois de todos reunidos passaremos a pensar nisso. Se concordarem em participar da operação, passarão a trabalhar única e exclusivamente para a Alambert até que alguma decisão seja tomada, e se aceitarem, serão muito bem recompensados.

Era tudo o que precisavam ouvir.

— Ok! Vamos pensar no assunto com todo cuidado.

Carssom levantou-se.

— Vocês têm menos de uma semana para darem uma resposta. Se concordarem, terão que estar presentes na sede da Alambert para uma reunião às 8h na próxima segunda-feira.

— Até lá, já teremos a decisão — dizendo isso, Sturt acompanhou-o até a porta. — Foi um prazer conhecê-lo, senhor Carssom.

— O prazer foi todo meu... — completou ele, satisfeito com o encontro.

CAPÍTULO 39

Berlim, Alemanha

Buber e Jimmy chegaram ao escritório da sede da Alamber às 7h30, ansiosos para saber o que iria acontecer.

— Acha mesmo que eles virão? — perguntou Jimmy.

Buber levantou-se.

— Tenho toda a certeza do mundo.

Jimmy aproximou-se do pai, colocou a mão em seu ombro, e disse:

— Eu também tenho essa certeza, meu pai, só não sei se compartilham do mesmo sentimento que eu e o senhor em relação à vingança.

Buber olhou-o atentamente, estudando-o, até que começou a falar.

— Sabe, meu filho... sinto muito orgulho de você, pois ao contrário de sua mãe, você compreendeu perfeitamente o motivo de seu pai precisar fazer isso. Além de ter dado a minha palavra, que um dia nos reuniríamos, meu irmão morreu por consequência daquela deportação, e como pode ver, hoje preciso usar essa mão de ferro e toda vez que olho para ela lembro que a cortaram sem o uso de anestesia. Alguém vai ter que pagar, Jimmy.

— Elizabete também não concorda meu pai. Mas se continuarmos mantendo segredo, poderemos fazer tudo sem que jamais ela e mamãe desconfiem.

— Você tem toda razão, meu filho.

A secretária bateu na porta, e anunciou:

— Eles chegaram...

O escritório da sede situava-se no centro de Berlim, em uma área de 430 metros quadrados. Todo o conglomerado era em alvenaria, com detalhes exuberantes de bom gosto e alto preço. Os vidros eram azuis e na entrada havia um lindo jardim.

Sturt e Gruguer haviam se preparado emocionalmente para a reunião e mesmo assim estavam nervosos. Quando havia descido do táxi que os deixara em frente ao portão principal, ficaram admirados com a beleza do local. Carssom aguardava-os.

— Então é aqui a sede de Alambert. Para mim, mais parece um palácio do que um escritório — exclamou Sturt.

— Aqui é apenas a sede. A Alambert tem muitas filiais espalhadas pelo mundo, além de administrar várias redes de supermercados, farmácias e fábricas. Como podem ver, aceitando as condições, trabalharão para uma grande potência.

Ao pronunciar essas palavras, Carssom sentiu-se feliz: havia ajudado Buber a construir aquele império. Imaginava agora como a sua vida teria sido diferente se não tivesse conhecido Buber. Durante todo os anos de convivência passara a admirá-lo pela determinação que possuía em relação aos negócios e não tinha dúvidas de que ele levaria aquele plano até o fim e faria de tudo para cumprir aquele pacto.

— O que está esperando? Mande-os entrar.

Carssom entrou na frente, anunciando:

— Senhores, apresento-lhes Sturt Pikarski Shour e Gruguer Brennt Àlamo, os filhos de Richard.

De início todos se entreolharam, e Buber ficou impressionado com a semelhança que os irmãos haviam herdado do pai.

Cumpridas as formalidades de apresentação, todos se sentaram e Jimmy iniciou a conversa:

— Quero saber o que sabem sobre o pacto.

Gruguer levantou-se, colocou a mão no bolso e retirou um pequeno pedaço de papel.

Buber tomou a palavra, emocionado:

— Então ainda guardam isso! É bom sinal!

— Fizemos questão de guardar esta lista, porque, na realidade, nunca perdemos as esperanças de um dia podermos juntá-las às outras. — explicou Sturt — Era o desejo de nosso pai.

— Seu pai foi um grande homem. — ponderou Buber — Éramos grandes amigos, só não sei por que ele nunca me procurou após os campos serem desativados, tendo em vista que o sobrenome Alambert se encontra em vários letreiros espalhados pelo país.

— Nosso pai nunca saiu de Ruchtr, e se viu ou ouviu esse sobrenome acho que nunca o associou ao nome Buber, como nós, caso contrário, já o teríamos procurado, senhor Buber.

— Não precisa me chamar de senhor. Faz com que eu me sinta mais velho.

Com exceção de Carssom, todos naquela sala dividiam o mesmo sentimento e pretendiam se unir para um único objetivo: cumprir o pacto.

Buber estudava-os no intuito de analisar o grau de coragem de cada um, para saber se realmente poderia contar com eles quando decidisse qual seria o plano para realizar a vingança contra o Brasil. Ainda não tinha a mínima ideia do que iriam fazer, mas sabia que teria que ser alguma coisa grande, para que ninguém esquecesse o sofrimento causado pelas deportações de estrangeiros naquela época.

Após algumas horas de muita conversa, ficou decidido que os dois irmãos se mudariam para Berlim e passariam a fazer parte do quadro de funcionários da empresa, até que Carssom conseguisse encontrar os outros integrantes da lista.

CAPÍTULO 40

Prosseguindo nas investigações, descobriram que Sheila havia tido um filho ainda dentro de Lichtemburg, e que a criança foi levada de lá por uma amiga que fizer lá dentro chamada Clara Mendes, que milagrosamente conseguira a liberdade. Restava saber onde essa criança se encontrava, e se ainda estava viva.

Carssom explicou em umas das reuniões que certamente Sheila planejava rever o bebê, se conseguisse sair com vida do campo, mas infelizmente alguns meses depois ela foi encaminhada para a câmara de gás. — Carssom falava pausadamente — Sheila deve ter pressentido que não sobreviveria, então optou por deixar o filho aos cuidados dessa amiga.

— Deve ter sido muito difícil para essa tal de Sheila ter que tomar tal decisão — argumentou Jimmy.

— Com certeza nosso pai não sabia disso, ou teria comentado conosco — disse Sturt.

— E que nome deram a essa criança? — perguntou Buber.

— Foi batizado como Eduardo Mendes Guiold. Porém não consegui localizá-lo ainda. Os indícios me levam a crer que ele se encontra no Brasil, embora não possa afirmar se ainda está vivo.

Carssom parou de falar, e Buber pediu para que ele continuasse.

— Estou trabalhando nisso agora. Mandei uma equipe de detetives para o Brasil e em pouco tempo terei respostas mais precisas.

— E quantos aos outros? — perguntou Jimmy.

— Não há outros. Domenick Sanches, a primeira da lista, foi a primeira a ser exterminada. Rudolf Rupert morreu vítima de tuberculose cerca de um ano depois de ter saído do campo. Ion Fritz Alambert, o irmão de Buber e tio de Jimmy, foi dado como desaparecido, mas nós sabemos que certamente teve o mesmo destino de Domenick e Sheila. As câmaras de gás. Richard morreu há pouco tempo — Carssom olhou para os irmãos — e Buber está aqui presente; o único membro da lista que se encontra vivo.

Houve um curto silêncio, que foi quebrado pela voz rígida de Buber.

— Maldito governo brasileiro. É isso que justifica a vingança que pretendemos fazer.

Entendendo que aqueles assuntos não poderiam continuar sendo tratados ali, na sede da empresa, decidiram encontrar um lugar mais seguro, afinal Raquel Strobel e Elizabete Rofimam não podiam sequer imaginar o que estava acontecendo, e sem delongas, Buber passou a procurar um imóvel para alugar, e ao passar por uma das ruas próximas ao centro, avistou o velho edifício no qual costumava se encontrar com os integrantes da lista antes de 1940, e não teve dúvidas de que aquele seria o local ideal para as reuniões.

Estava abandonado e com alguns vidros quebrados. Lembrou-se do tempo em que era membro da Frente Vermelha, que ficara conhecida como a Rot-Front, formada pelos jovens que lutaram contra o comunismo e contra a ditadura nazista de Adolf Hitler. Foram tempos difíceis aqueles, que marcaram a vida de muitos companheiros, inclusive a dele.

Havia sido dentro daquele prédio que decidiram fugir para o Brasil, e Buber achou conveniente que ali dentro deveriam planejar de que forma iriam se vingar.

CAPÍTULO 41

Nova Iorque, Estados Unidos

"Quando você realmente quer alguma coisa, todo o universo conspira para que você consiga", mais tarde Brennt reconheceria que foi a mão do destino que o colocara na frente daquele carro. Porque foi assim que nasceu a amizade entre ele e Albert, e foi também assim que as peças do quebra-cabeça da vida foram se encaixando.

Apesar de morar no Texas, todas as vezes que precisava ir a Nova Iorque, aproveitava para fazer uma visita a Brennt e a Verônica. Haviam se tornado grandes amigos e entre os vários assuntos que conversavam, o que mais impressionava Brennt era o fato de Albert ser um físico nuclear e estar envolvido com projetos de bombas atômicas. É claro que Albert procurava manter sigilo sobre certos projetos, mas Brennt e Verônica sempre davam um jeito de fazê-lo falar um pouco mais sobre seu trabalho.

Ketlem nunca havia ido junto, quando ela não estava estudando estava em aulas de dança. E sempre dizia que não gostava muito de Nova Iorque, porque preferia as terras densas do Texas.

Certa vez, Albert acabou revelando aos irmãos que estava trabalhando em um projeto altamente secreto e que envolvia a cúpula dos sete países mais poderosos do planeta, intitulado como Projeto G-7. Isso aguçou ainda mais a curiosidade de Brennt e Verônica, que ficavam fascinados com as explicações do cientista.

— Hoje eu me arrependo por não ter terminado meus estudos. Como gostaria de ser cientista! Mexer com fórmulas e descobrir coisas novas — confessou Verônica.

— Realmente é um trabalho fascinante, mas na verdade esse trabalho é bastante cansativo e exige muito da gente. Com o passar do tempo, o que resta é saturação — disse Albert.

Porém Verônica não pensava da mesma forma.

— Talvez esteja certo, senhor Albert, mas ainda assim adoraria estar trabalhando nessa área. Imagino que nunca me cansaria.

Albert sorriu.

— Também já pensei assim... Há muito tempo.

— Eu, se pudesse, seria um astronauta. — comentou Brennt — Sou fascinado pelo espaço.

— Vou avisar o pessoal da NASA. — brincou Albert — Quem sabe não dou um jeito de colocar você lá?

Brennt esboçou um sorriso enorme.

— Que bom, vou ficar aguardando.

— Com certeza no espaço você não correria o risco de ser atropelado. Isso eu garanto — disse Verônica.

Nesse dia a conversa foi interrompida pelo som da campainha. Brennt foi atender.

Era Tom Kirsei. O futuro marido de Verônica.

Quando Tom conheceu Verônica, por volta de 1993, nenhum dos dois imaginavam que se apaixonariam perdidamente um pelo outro.

Ela trabalhava de recepcionista em um luxuoso edifício quando ele apareceu em sua frente.

— Preciso ir até o escritório JD Neumann. Qual o andar, por favor?

Quando Verônica olhou para ele, era um homem de rosto marcante, muito bonito e bastante atraente.

— Décimo terceiro andar. — ela informou, com voz passiva e baixa — Mais alguma coisa?

Ele olhou-a demoradamente como se fosse dizer algo, então virou-se e se dirigiu ao elevador. Verônica sentiu que no momento em que se olharam, alguma coisa diferente havia acontecido. "Preciso saber mais sobre esse homem", pensou.

Na verdade Tom Kirsei era um homem de muita sorte. Era moreno, de estatura mediana e o castanho de seus olhos era brilhante e claro. Além de rico, era esperto e inteligente. Porém ele sabia perfeitamente que os atos que havia praticado para estar no degrau em que se encontrava posicionado não eram nem um pouco recomendáveis.

Até o ano de 1990, Tom fazia parte de uma das 25 famílias mais conceituadas da máfia dos Estados Unidos. Sempre fora um homem destemido e não poupava esforços e nem mesmo vidas para conseguir o que queria, até que nos fins de 1990 encontrou-se na mira do FBI e decidiu que era hora de mudar de vida. E era considerado sortudo justamente porque havia conseguido isso.

Ciente de que poderia amanhecer flutuando em um dos lagos gelados de Nova Iorque, ou ser fuzilado em plena luz do dia por algum gangster ou pelo próprio FBI, decidiu que abandonaria a máfia e passaria a ganhar a vida honestamente.

Para conseguir êxito nessa decisão, Tom teve que deixar o país; tinha amigos na Austrália, e junto deles procurou refúgio.

Quando Tom voltou, dois anos depois, a situação estava mais tranquila e então compreendeu que se não fizesse nada para chamar a atenção sobre sua volta, poderia ser que conseguisse continuar vivo e levar uma vida normal. Tom sabia muito bem que raramente um membro da máfia conseguia abandonar a organização e continuar vivo, mas ele havia conseguido, e intimamente se orgulhava por isso.

Agora seus planos eram outros; fora do tráfico de drogas e longe do crime precisava pensar em casamento e família, e foi justamente nessa época que conheceu Verônica, e como ela, ele também pressentiu que por trás daqueles lindos olhos poderia estar a mulher que daria um novo sentido a sua vida. E estava certo.

Tom voltou uma semana depois ao mesmo edifício em que a conhecera, convidou a moça para sair, e agora estava ali, na porta da casa dela, sentindo-se um homem feliz e realizado.

— Não vai me convidar para entrar, Brennt?

— E precisa? Você já é praticamente da família! Já não é mais necessário convidá-lo.

Albert levantou-se. Já estava há horas conversando com os irmãos e precisava voltar para o Texas. Sua filha e a NASA esperavam por ele.

— Você entra e eu saio — disse Albert — Só vim fazer algumas compras e aproveitei para fazer uma visita. Se não voltar logo, mandam me procurar.

— Não se esqueça: da próxima vez, senhor Albert, terá que nos contar mais sobre o tal projeto G-7 — intimou Verônica.

— Fique tranquila. Saciarei as suas curiosidades.

Tom entrou e convidou Verônica para saírem. A moça sempre contava ao namorado as informações que extraía de Albert e ele também ficava fascinado. Lembrava-se do tempo em que o depósito em sua garagem vivia repleto de armas. Eram tantas, que se quisesse, poderia até desencadear uma guerra.

CAPÍTULO 42

Berlim, Alemanha

Por decisão unânime ficou decidido que o novo local para tratarem da "Operação Vingança", como fora batizada seria o velho prédio de grades nas janelas que ficava na rua Zieten, número 212, próximo ao centro de Berlim. Quando Sturt e Gruguer souberam que se tratava do mesmo local que havia abrigado há mais de 50 anos os membros da Frente Vermelha, incluindo Richard, ficaram muito feliz.

Para Buber era excitante e emocionante estar de novo naquele local. Lembrava-se perfeitamente do tempo em que se reunia com os seus melhores amigos a fim de esquematizarem estratégias para espalharem panfletos e organizarem reuniões secretas.

Agora os tempos eram outros, não havia mais as perseguições e Adolf Hitler estava morto. O muro de Berlim já havia caído unificando o país e acabando de vez com a Guerra Fria. Mas Buber sentia-se com o mesmo vigor de 50 anos atrás.

Buber descobriu que dentro daquele velho prédio, esquecia-se de tudo relacionado a Alambert. Tudo o que havia era o seu desejo se projetando, fortalecendo-se, e o mais importante: não estava só.

Faltava agora apenas encontrar o tal Eduardo, e isso estava demorando mais do que todos presumiam que demoraria. Apesar de Carssom não poupar recursos, os detetives especializados em buscas ainda não haviam conseguido descobrir onde ele estava vivendo ou se já estava morto. Buber, porém, sabia que mais cedo ou mais tarde Carssom conseguiria localizá-lo, e esperava como um caçador espera a presa.

CAPÍTULO 43

Nova Iorque, Estados Unidos

O casamento de Tom Kirsei e Verônica aconteceu em meados de janeiro, em uma discreta cerimônia realizada por um padre amigo de Tom. Foram poucos os convidados, em virtude de Kirsei não querer chamar a atenção de seus antigos amigos da máfia. Estava bem sem problemas e queria continuar assim. Sentia-se um homem livre e estava conseguindo apagar o passado dia a dia.

Aírton Félix levou Verônica ao altar, o padre disse as palavras sagradas e a união deles finalmente foi selada e sacramentada como manda a lei divina.

Foram morar em uma casa nova, com ares de pequena mansão perto do lago Short, nas imediações da cidade.

Brennt sentiu-se feliz pela irmã. Tinha muitas afinidades com Kirsei e há muito tempo que haviam se tornado grandes amigos.

Depois do casamento, Veronica começou a se conversar mais com ele a respeito dos sentimentos que tinha em relação à morte de sua mãe e à grande vontade de fazer justiça.

— Um dia, Tom, encontraremos alguém daquela lista tão disposto a se vingar do Brasil como nós. Então, voltaremos lá e acabaremos com aquele país. Se quiser participar, está convidado.

Kirsei achava impressionante o fato deles terem guardado aquela lista por tanto tempo e, por tudo que ouviu, passou a ter a absoluta certeza de que ela e o irmão nunca desistiriam de tentarem cumprirem aquele pacto.

CAPÍTULO 44

Em julho do mesmo ano, Brennt foi surpreendido pelo som das palmas de alguém que se encontrava em frente à sua casa. Era um final de semana, estava sozinho e não estava esperando por ninguém. Aírton Félix havia acabado de sair e Verônica e Kirsei não podiam ser. Pouco antes havia falado com ela pelo telefone e a irmã tinha dito que estavam indo velejar.

Mesmo estando com uma enorme preguiça, levantou-se e foi atender.

Avistou um homem que nunca havia visto antes, e que aparentava uma certa idade. Usava óculos e trajava roupas sociais de muito bom gosto. Pela insistência do estranho, Brennt deduziu que se tratava de algo realmente importante.

— Pois não? Em que posso ajudar?

O homem abriu um sorriso.

— Por favor! Preciso falar com o senhor Brennt Guiold dos Santos.

CAPÍTULO 45

Berlim, Alemanha

Com o passar do tempo e com o transcorrer dos acontecimentos, Jimmy, Sturt e Gruguer estavam cada vez mais entusiasmados.

Já haviam elaborado vários planos para realizar a vingança, como o sequestro do presidente brasileiro ou de sua filha, exigindo uma exuberante quantia como resgate. Pensaram em explodir as estações centrais de produção e distribuição de energia, como a Itaipu, situada em Foz do Iguaçu, cidade que faz fronteira com o Paraguai. Também imaginaram o envenenamento das águas distribuída pelas companhias de abastecimento de alguma grande cidade. Brasília, a capital do país, também havia sido citada como uma boa escolha, mas nenhuma das ideias até o momento parecia ideal.

Os irmãos agora eram funcionários diretos da Alambert, e recebiam além de ótimos salários, gratificações extras. A esposa de Gruguer sentia-se feliz, nada faltava em casa e tudo o que compravam era de ótima qualidade. Cada um possuía seu carro particular e apenas cuidavam do setor de fretes de uma das transportadoras vinculadas à empresa.

A vida enfim estava correndo muito bem para eles, apesar de sentirem muito pelo fato de o velho pai não estar presente para desfrutar das benevolências que estavam tendo e também por não poder testemunhar o que estavam prestes a fazer.

— Nosso pai deve estar muito orgulhoso de nós! — comentava Sturt com Gruguer.

Embora estivessem colhendo somente frutos bons, procuravam esquecer a certeza de que o preço que pagariam por tudo aquilo seria muito alto. Mas como esse desejo estava plantado na mente e no coração de cada um deles eles não se importavam com isso.

CAPÍTULO 46

Nova Iorque, Estados Unidos

— Sou eu mesmo. Em que posso lhe ser útil.

O estranho de óculos e trajes sociais continuava com o sorriso no rosto.

— Trata-se de seu falecido pai.

"Aconteceu! Finalmente o dia chegou!"

— É claro. Vamos entrar.

Da mesma maneira que o vento sopra nos quatro cantos do mundo, expandindo-se para todos os lados, o mesmo sentimento de vingança também se expandia e soprava nos corações de cada descendente da lista.

— Disse que queria falar sobre o meu falecido pai?

— Isso mesmo — disse Carssom

— Então pode começar. Estou inteiramente ao seu dispor.

— Primeiro procuramos por seu pai, agora chegamos até você. Só está faltando a sua irmã.

— Ela está em um passeio, mas por que nos procura?

— Na verdade é sobre um pacto que seu pai fez há muitos anos. Sabe alguma coisa sobre isso.

Ele levantou-se e foi até o seu quarto. Quando voltou, trazia a lista na mão.

— É disso que está falando? — perguntou Brennt.

Carssom respondeu com um largo sorriso.

— Sim.

Mas já se passaram tantos anos, que já estávamos perdendo as esperanças.

— O senhor Buber Fritz Alambert também demorou muito até tomar a decisão de encontrar o pessoal que consta nessa lista, e não foi nada fácil chegar até aqui, porque estávamos procurando por seu pai, e não por vocês, e só conseguimos localizá-los quando casualmente um entregador de jornal resolveu o nosso problema. Pois justamente naquele jornal encontrei o pequeno anúncio do casamento de sua irmã: Verônica Mendes Guiold dos Santos. Um grande nome, com dois sobrenomes marcados pela história.

— Nossa! Que coincidência! Esse anúncio nem era para sair. Foi decidido na última hora, por exigência de Verônica — exclamou Brennt, espantado.

— Era mesmo para ser! — disse Carssom — Graças a isso, agora estou aqui. E precisamos saber se vocês têm alguma intenção de cumprirem o pacto que Sheila fez com os integrantes dessa lista que você tem nas mãos.

Brennt sentia seu coração batendo em ritmo acelerado e cheio de alegria. Aquele velho senhor lhe dizia exatamente as palavras que há muito tempo esperava para ouvir.

— Preciso conversar com minha irmã, mas posso garantir que ela concordará, apesar de precisar da permissão de seu marido.

— Realizaremos uma reunião em Berlim na semana que vem com todos os membros, e contaremos com a presença de vocês, inclusive a do senhor Kirsei, se ele estiver disposto a acompanhar a esposa, é claro.

CAPÍTULO 47

Berlim, Alemanha

Toda a mobília da sala desgastada no terceiro andar do pequeno edifício da rua Zieten se resumia em uma velha escrivaninha e algumas cadeiras, e para Brennt e Verônica, imaginarem que sua avó se reunia ali para lutar com seus amigos por um mundo melhor, talvez sentada em uma daquelas cadeiras, resultava em um aglomerado de sentimento indescritíveis.

Carssom agora respirava aliviado, pois tinha conseguido finalmente reunir todos os descendentes da lista, e de certa forma, sentiu orgulho de si mesmo.

Buber mal conseguia esconder a felicidade que havia invadido o seu ser, ao presenciar todo o grupo reunido para finalmente darem início ao cumprimento do pacto feito no passado.

Apesar de todos se surpreenderem com a presença do marido de Verônica, Carssom já sabia que ele estaria presente, afinal, seus instintos eram bons e nunca haviam falhado, e, além disso, o relatório que possuía a respeito do passado dele não havia lhe deixado dúvidas.

Buber começou a falar.

— Estamos todos conscientes de que hoje é um dia especial na vida de cada pessoa que se encontra nesta sala, a mesma que usamos há muitos anos para tentarmos vencer o nazismo, e como fracassamos, foi também aqui que decidimos deixar este país e nos refugiarmos no Brasil. — enquanto falava, observava atentamente os membros presentes, procurando no olhar deles o principal motivo de estarem ali, concordância —

E como todos sabem, fomos expulsos e prometemos nos vingar, e é exatamente por isso que estamos aqui.

Tom Kirsei inesperadamente tomou a palavra:

— Nada tenho a ver com esse pacto, e não tenho nenhum parente envolvido com essa vingança, mas se minha mulher, a única coisa que realmente me importa nessa vida, estiver disposta a entrar nesse jogo, então, sou obrigado a apoiá-la, e se preciso, participar do que for combinado.

Após ter terminado, observou que todos haviam lhe direcionado a atenção. Buber recostou-se na cadeira com uma caixa de charutos cubanos, e abrindo-a, ofereceu aos outros, porém somente Kirsei e Brennt aceitaram.

Em seguida pegou um isqueiro Zippo, inteiramente de ouro, e acendeu o seu charuto, passando o isqueiro para os demais.

— Que fique esclarecido que você tem livre arbítrio para decidir se vai querer ou não participar, mas se entrar, terá que estar conosco até o fim — após uma longa pausa, disse: — Pense bem. — e olhou para cada um que estava ali — E isso serve para todos.

CAPÍTULO 48

Nova Iorque, 1998

Tom Kirsei havia aderido ao grupo a princípio devido aos laços que o prendiam a Verônica, mas com o tempo acabou aderindo aqueles motivos como se fossem seus, e aos poucos foi se tornando cada vez mais útil. Conquistou a confiança de todos e provou que estava disposto a arriscar a vida pela operação.

Agora só estava faltando elaborarem um bom plano; alguma coisa que fizesse jus a tantos anos de espera e ao rancor que havia se instalado nos corações deles.

Por incrível que pareça, foi o próprio Tom Kirsei, que tivera a melhor ideia.

Ele estava dormindo e ela veio em sonho, um sonho tão real quanto tudo mais que estava acontecendo. Quando acordou, contou o estranho sonho a Verônica, e pediu o dicionário. Minutos depois, sabia que havia solucionado o problema do grupo.

No sonho ele estava caminhando em uma rua de Nova Iorque com Brennt, já era noite, quando de repente se separaram. Brennt dobrou uma esquina dizendo que iria resolver um problema pessoal, e que mais tarde se reencontrariam. Segundos depois, Kirsei perdeu-o de vista, e foi nesse momento que surgiu um homem alto, loiro e de feições fortes. Pegou em seu braço esquerdo, apertando-o e disse:

— Eu tenho a resposta que vocês procuram. Sei tudo sobre a vingança, e sei quem tem a fórmula...

Kirsei sentiu-se paralisado com o susto.

— Mas do que está falando? Eu não sei nada sobre vingança nenhuma. Deve estar me confundindo com outra pessoa.

O homem apertou ainda mais o seu braço e continuou:

— Não se faça de tolo. Estamos investigando vocês há muito tempo. Sabemos o que estão planejando, onde moram e onde acontece as reuniões. Só queremos ajudar: porque se vocês não fizerem, nós faremos.

Dizendo isso, o estranho homem soltou o braço dele e disse:

— Diga a todos seus amigos que o coringa do baralho é o senhor Albert, e que o alvo é a cidade de Curitiba — e foi se afastando. Mas antes ainda lhe falou: — Não se esqueça: *"Cadmium"*.

Kirsei pensou em chamá-lo: queria saber quem era aquele desconhecido que sabia de tudo, mas era tarde demais. O vulto já havia se perdido na escuridão da noite. Decidiu ir ao encalço daquele ser, mas ouviu a voz de Verônica lhe chamando...

— Acorda, meu amor! Já passa das 8h.

Ele então despertou, ofegante, com a testa banhada em suor.

CAPÍTULO 49

Verônica, com o dicionário na mão, esclareceu:

— Cádmio ou *Cadmium*. Segundo este velho dicionário brasileiro, quer dizer que é um elemento químico de metal atômico classificado como leve, de proporções 11241, número 48, também usado na fabricação de bombas atômicas. — olhou para ele e continuou — Parece que não foi apenas um sonho, e sim uma revelação.

— O que mais me intrigou foi o fato daquele estranho citar o nome de Albert e dizer que o alvo seria a cidade de Curitiba. Será que alguém fora do grupo está sabendo alguma coisa a respeito de nossas reuniões em Berlim?

— Acho difícil, e mesmo assim o que isso teria a ver com o seu sonho?

No momento não soube responder, mas disse:

— Tive uma grande ideia.

Alguns dias depois estavam em Berlim. Era o final de 1998 e o mundo inteiro encontrava-se se entregando aos domínios da globalização. As nações mais ricas e poderosas demonstravam certo interesse e disposição em ajudar os países subdesenvolvidos e com maior grau de carência. A elite de intelectuais e pensadores analisavam a situação e acreditavam que poderiam se perpetuar no poder.

Quando Tom Kirsei revelou aos integrantes do grupo o estranho sonho e a ideia de que dele nasceu, os olhos de todos brilharam. A solução apresentava-se explícita e audaciosa.

Bastava apenas usar o coringa.

Albert Bener.

PARTE 5

O SEQUESTRO

CAPÍTULO 50

Houston, sul dos Estados Unidos
10 de novembro de 1999
9h55 a.m.

O grupo organizado passou quase um ano inteiro investigando e estudando a vida do então projetista de bombas nucleares, o senhor Albert Benner.

A ideia que Kirsei tivera logo após o sonho foi de sequestrar a filha de Albert, a menina que ele, Verônica e Brennt não conheciam pessoalmente, para obrigá-lo a lhe entregarem as ogivas nucleares que ele estava desenvolvendo para usarem na cidade de Curitiba, conforme o homem do sonho havia sugerido. A mirabolante ideia havia sido aceita sem reservas por todo o grupo.

Com um aparato de tecnologia nova e com a contratação de detetives de alto nível e de total confiança, acabaram desvendando todos os detalhes sobre o projeto em que o cientista estava envolvido e que, inadvertidamente havia comentado com Brennt e Verônica. O projeto da missão G-7, que acabaria no mês de novembro, quando a NASA enviaria as ogivas com resíduos nucleares de sete importantes países para serem eliminadas no espaço.

Entusiasmados, os integrantes do grupo não perderam tempo. A oportunidade foi veementemente agarrada e quando o mês de novembro chegou, Jimmy estava lá, em Houston, no sul dos Estados Unidos, mais precisamente na esquina da rua San Juan com a Rockfeller, inquieto e impaciente, como se estivesse esperando pelo detalhe mais importante da sua vida.

Nos dez minutos de torturante espera, conferiu aproximadamente mais de dez vezes os ponteiros do relógio. Impaciente, aguardava como se estivesse prestes a descobrir a localização exata do Santo Graal. Quando finalmente o ponteiro assinalou 10h, surgiu pela rua San Juan o esperado furgão e seu assustado condutor.

Dentro do carro, Albert Benner suava frio. Tinha os olhos arregalados sem poder acreditar no que estava lhe acontecendo. Sabia que seu tempo estava contado, mas seu pensamento estava em Ketlem, a doce e meiga Ketlem, o sentido único de sua vida, agora correndo sério perigo.

Sem poder fazer mais nada, foi obrigado a dizer:

— Vou fazer...

CAPÍTULO 51

No lado oposto de Houston, no interior de uma velha casa de madeira, sentada em uma cadeira de balanço, estava Ketlem, sequestrada já há um longo e enervante mês pelo audacioso grupo. Sturt, Brennt e Verônica foram incumbidos de cuidar da menina, até que Albert projetasse um protótipo das ogivas que mandaria para o espaço e lhes entregasse o material verdadeiro. Tudo foi feito num espaço de 30 dias, e os adeptos da vingança deixaram tudo muito claro a Albert: se ele falhasse, a sua filha morreria.

Não foi fácil para nenhum deles, especialmente para os que conheciam tão bem o pai de Ketlem. Tinham a exata noção de que compactuar com aquela insanidade foi sem dúvida a decisão mais nojenta e cruel que tiveram que tomar, mas ainda assim, não era nada comparável ao futuro, e ao horror que pretendiam espalhar.

De posse das ogivas, o próximo passo seria levá-las ao Brasil. Novembro foi o mês escolhido para invadirem Curitiba, tudo conforme o sonhado de Tom Kirsei. E como se isso não bastasse, eles fizeram um novo pacto.

Um indissolúvel pacto de morte.

Nas reuniões acontecidas no velho prédio de Berlim, Buber usou por várias veze um projetor de imagens para mostrar cenas gravadas dos noticiários da televisão. Eram imagens fortes, exibindo a coragem de homens que morriam em ataques suicidas, homens que amarravam bombas no corpo e as detonavam em lugares específicos e públicos. Buber pensou em tudo, teve tempo suficiente para preparar psicologicamente os participantes do plano deixando claro que a missão seria suicida: no início houve pânico e alguns pensaram até em desistir, mas a lavagem cerebral fora tão bem-sucedida que todos acabaram aceitando. Chegaram mesmo a acreditar que os destinos deles estavam ligados. Buber os fez entender e aceitarem o fato de que se não pagassem aquela velha promessa, jamais conseguiriam viver em paz com sigo mesmos.

CAPÍTULO 52

10h15 – a.m.

No interior das instalações da NASA, Albert Benner não conseguia distinguir se o suor que lhe banhava o rosto era fruto do medo ou da preocupação. Tudo agora dependia de seus atos, de sua próxima e inaceitável ação.

Nunca a lei da ação e da reação havia feito tanto sentido em sua vida pessoal. Um mínimo movimento em falso, e todos descobririam que ele, Albert, o conceituado cientista da NASA, estava fraudando a missão G-7, e sua filha passaria a ser apenas um anjo se decompondo em alguma vala perdida.

Albert estava realmente sem alternativas, se entregasse as ogivas, poderia ser morto, se não entregasse, sua filha perderia a vida.

O projetista de bombas nucleares não podia supor que Brennt, Verônica e Tom Kirsei eram os principais mentores de tudo aquilo. O cientista não imaginava que o homem que havia atropelado há alguns anos, e a mulher, com quem desenvolvera um alto grau de amizade, tivessem qualquer relação com a tragédia de seu atual momento.

"Discernimento do justo ou covardia de incompetentes? A qual eu devo me render?", Albert perguntou ao seu consciente, olhou no relógio e o ponteiro lhe lembrou que eram 10h30. Era um aviso de que tinha apenas 15 minutos para a decisão fatal. Repensando tudo, descobriu-se com apenas duas alternativas, e concluiu que o destino não estava sendo nada gentil com ele naquele dia.

Às 10h40, Albert Benner tomou sua decisão: faltando apenas cinco minutos para o lançamento, trocou as ogivas verdadeiras pelos protótipos improvisados nos últimos 30 dias. Porém, manuseando os detonadores, comparou-os; eram idênticos, com a diferença de que os cilindros das ogivas falsas não continham os resíduos nem as combinações das fórmulas de uma bomba atômica. Sabia que seria procurado imediatamente pela NASA após a explosão no espaço, pois detectariam imediatamente a fraude, mas isso era um assunto que dispunha de mais tempo, no momento o mais importante era salvar a vida de Ketlem.

Pequenos o suficiente para serem alojados em apenas duas malas, os cilindros divididos em dois grupos e acoplados a um detonador específico, tinham o poder de destruição enorme, e justamente para que não caísse em mãos erradas estava sendo enviada ao espaço.

Não era por menos que Albert suava frio. Não era à toa sua preocupação desmedida. A sua ação não resultava apenas em destruir sua carreira, mas, de certa forma, poderia desestabilizar a paz conquistada com muito esforço entre povos e nações, que nada tinham a ver com aquele momento, e com a sua decisão. Nesse dia Albert Benner se arrependeu de ter se tornado um cientista. Criava bombas, e as bombas matavam. Foi em meio a esses pensamentos que ele relanceou um olhar para o alto, e disse:

— Que Deus me perdoe!

E sem titubear, trocou as ogivas...

CAPÍTULO 53

Quarenta e cinco minutos depois, Albert Benner entrou em seu furgão cor de prata, ativou a ignição, e partiu em alta velocidade para encontrar Jimmy. Queria acabar logo com toda aquela loucura. Entregaria as ogivas e resgataria Ketlem, conforme o combinado...

Quando entrou na Kennedy, conferiu novamente o relógio. Estava dez minutos atrasado e condenado a viver com a dúvida da incerteza: devia mesmo ter feito o que fez? Mas o tempo agora não permitia que Albert se perdesse em tais pensamentos.

O ato já havia sido consumado.

Jimmy aguardava em frente a uma lanchonete, com um celular na mão, e quando Albert finalmente parou o furgão ao seu lado, este explodiu:

— Você está louco? Sua filha poderia estar morta a essa altura! Por que se atrasou?

— Estou aqui não estou? Você deve me agradecer por ter conseguido a mercadoria. Está aí.... Agora liberte a minha filha...

Jimmy entrou no furgão, olhou para trás, e, gesticulando, ordenou a Albert que ligasse o veículo e seguisse em frente. Em seguida digitou alguns números no celular e proferiu o código credenciado por Buber:

— A Lara está alcançando o seu objetivo — e desligou.

O instinto trouxe pânico ao rosto de Albert.

— Eu quero falar com minha filha! Quero saber como ela está! — os olhos dele se avermelharam — Como vou saber se ela ainda está viva?

— Está ficando maluco, homem? Ainda, não conferimos a mercadoria, quem me garante que você realmente trocou as ogivas? — a voz de protesto de Jimmy insinuava irritação.

O furgão parou de súbito, havia pouco movimento de carros àquela hora e, como estavam em uma rodovia, não havia pedestres.

Jimmy infiltrou-se na parte traseira do veículo e ordenou a Albert que lhe mostrasse as ogivas.

Eram apenas duas caixas, pequenas, embaladas e protegidas em duas malas. Albert abriu uma delas enquanto explicava:

— Está tudo aqui! Três ogivas em cada caixa, e aqui está o painel de comando. — apontou para a lateral de uma delas — A senha de ativação é G-7, sempre G-7. — abriu a tampa superior, nela havia mais um painel removível — Nas caixas falsas que projetei não havia conexão entre os dois ativadores, descartando a possibilidade de o material nuclear se misturar com os explosivos, e como pode ver, aqui está tudo certo. — Jimmy analisou o material enquanto o ouvia atentamente.

— É melhor que esteja certo, e muito certo, senhor Albert... — Albert estava debruçado sobre uma das caixas e nesse momento Jimmy puxou sua pistola 765 e efetuou três disparos certeiros na cabeça do então projetista de bombas.

Era o trágico fim de Albert.

Na sequência, como se nada tivesse acontecido, Jimmy fechou as portas do furgão e novamente ligou para Verônica.

Muito preocupada ela perguntou:

— Quem fala? — como resposta ouviu:

— A Lara alcançou o seu objetivo. Podem executá-la...

CAPÍTULO 54

Ketlem parecia também ouvir a mensagem receptada por Verônica no telefone, e quando a moça desligou, a menina disse:

— Era meu pai! Ele vem me buscar! Eu sabia que ele vinha! Quando ele vai chegar? Quando eu vou embora?

Verônica estava municiando uma pistola alemã, dando propositalmente as costas para a criança e ao mesmo tempo ouvindo aquela voz inocente; perguntou ao seu consciente se havia chance de voltar atrás, mas ouviu apenas o seu próprio choro de lamentação, surgindo em meio às lembranças que vinham de sua mente. Deixou então de se perguntar.

Conectou o silenciador, virou para um dos homens, e ordenou:

— Faça! E faça bem-feito!

O homem apanhou a pistola, franziu a testa, e não disse uma palavra.

Verônica deixou a sala, e lá de fora ouviu os três disparos. Em seguida, pronunciou para si mesma as mesmas palavras que Albert Benner havia dito para ele mesmo há pouco menos de uma hora.

— Que Deus nos perdoe!

Era o trágico fim de Ketlem.

CAPÍTULO 55

Berlim, Alemanha,
10 de novembro de 1999
11h30 – a.m.

Distante dali, cerca de dois mil quilômetros, na sala um pouco escura do terceiro andar do edifício interditado pelo governo alemão, três homens inquietos aguardavam um telefonema; Tom Kirsei, Gruguer e Buber corroíam-se em ansiedade no auge da impaciência.

Gruguer postou-se à janela para observar a rotina comum das pessoas e dos carros na movimentada rua lá embaixo. Os outros dois estavam sentados.

O estridente toque do telefone fez com que os três pares de olhos se fixassem no aparelho; tom Kirsei atendeu sem ao menos deixá-lo tocar duas vezes.

Disse "alô" em idioma alemão, sem conseguir esconder a ansiedade. Cinco silenciosos segundos se passaram até que ele ouviu:

— A Lara alcançou o seu objetivo.

Aliviado, colocou o fone no gancho, olhou seriamente para os dois companheiros, e anunciou:

— Conseguimos!

Aquele telefonema produziu um efeito milagroso, tirando um peso da consciência de cada um deles. Finalmente haviam conseguido. Finalmente tinham em mãos uma arma nuclear, altamente destrutiva, capaz de causar uma tragédia inédita na história do Brasil. Finalmente iriam poder realizar a vingança.

CAPÍTULO 56

Curitiba, sul do Paraná
17 de novembro de 1999
11h a.m.

O pouso do AMD-11 direto de Frankfurt sob a pista do Aeroporto Afonso Pena, em São José dos Pinhais, região metropolitana foi calmo e tranquilo, com exceção apenas dos 15 minutos de atraso ocasionado pela forte neblina, fora isso, tudo correu muito bem. Além do mais, o importante é que estavam mais perto do que nunca de cumprirem aquele antigo pacto. Estavam absorvidos pela lavagem cerebral imposta por Buber e a apenas 20 minutos da cidade de Curitiba; e não tinham a intenção de saírem vivos dela. Como diz o famoso dito popular: estavam prontos para o que der e vier.

Curitiba era agora a capital do estado e modelo internacional em matéria de qualidade de vida. A cidade não parava e crescia cada vez mais. Contava com pouco mais de dois milhões de habitantes, e como a cidade possui por si própria uma vocação para melhor receber, há muito que havia passado a ser ponto turístico e local ideal para se investir.

Com tudo isso, pouco lembrava a cidade de 40 anos atrás. Para Brennt e Verônica a cidade tinha outro aspecto, mas a avenida onde eles presenciaram a morte de sua mãe ainda existia, e era justamente nela que iria acontecer a tragédia.

Nessa época o Brasil estava contando com uma população de aproximadamente 1.553.000 mil habitantes, e segundo dados do Instituto Brasileiro de Geografia e Estatísticas (IBGE), estava entre o terceiro país mais populoso do planeta. Era considerado como um país subdesenvolvido e industrializado, fato que o enquadrava na margem do terceiro mundo.

O estado do Paraná abrigava um terço dessa população e era considerado o segundo polo mais produtivo do país, incentivando as cidades a crescerem e se desenvolverem de maneira assustadora: entre elas, Curitiba destacava-se como a melhor para se viver do país.

Realmente a cidade crescera e ficara linda, mas foram muitos os fatores que aos poucos contribuíram para que ela recebesse o subtítulo de Cidade Sorriso.

Com tantos parques, praças e invejáveis jardins e com o alto índice de 50 m² de área verde por habitante, tornou-se conhecida também como uma cidade ecológica, respeitada internacionalmente como metrópole representativa do Brasil moderno.

Com tudo isso, mais o sonho que Ton Kirsei tivera e o fato de Juliana ter morrido justamente naquela cidade, fez com que todos decidissem que Curitiba seria o alvo.

— Se vamos atacar Curitiba, devemos começar pelo sistema de transporte. — havia explicado Buber — É o que mais destaca a cidade. Agora que temos as ogivas, podemos colocá-la dentro de algum ônibus e enlouquecer os governantes, pedindo um alto resgate para embaraçá-los até a hora de detoná-las.

E isso coincidiu com os pensamentos de Ton, já que Curitiba aparecia frequentemente nos noticiários da CBN pelo fato de Los Angeles estar implantando um projeto dentro da concepção do Plano Diretor, criado em Curitiba. Até mesmo a Costa Rica destacava a cidade como referência em transporte público e sistema urbano, e como Juliana havia morrido justamente em uma canaleta exclusiva para ônibus, todas as peças daquele tenebroso quebra-cabeças pareciam estar se encaixando

Agora estavam em Curitiba, e com os próprios olhos apreciando a beleza da cidade, em suas mentes apenas uma preocupação: a chegada das ogivas.

No tempo em que Tom Kirsei trabalhava para a máfia dos Estados Unidos, cansou de enviar pessoalmente armas e drogas para o Brasil. Tinha importantes contatos e influência, o que o tornou apto a se responsabilizar pela entrada das ogivas no país. Era material nuclear, mas Kirsei não estava preocupado com isso, sabia exatamente o que fazer.

— Elas entrarão pela Argentina. — o ex-gangster havia explicado aos companheiros — Depois seguirão em um hidroavião de quatro motores até o porto de Paranaguá, e subirão a serra em um automóvel. Já tenho tudo planejado e a pessoa que as transportará de Paranaguá até Curitiba já está esperando o material. Seu nome é Alex Júnior, conhecido como o Casca.

— Mas.... Esse homem sabe que se trata de ogivas nucleares? Perguntou Buber.

— É claro que não!

— E o que ele pensa?

— Que se tratava somente de cocaína. O homem é experiente no transporte e distribuição de drogas. E o mais imprescindível: é de total e absoluta confiança. Já fez alguns serviços para mim no passado e me deve alguns favores. Tenho a ficha completa dele.

— Então essa questão está resolvida — Buber deixou transparecer um certo alívio — As ogivas terão de estar em Curitiba até o dia 20 de novembro. Dia 23 será o nosso grande dia. — ele fez uma pausa — Só não se esqueçam de que o motivo desse terrorismo deverá ser explicado às autoridades e às emissoras de TV somente quando estiver restando pouquíssimo tempo para a detonação. Está claro?

Todos consentiram.

CAPÍTULO 57

Serra do litoral do Paraná
20 de novembro
14h – a.m.

Alex Júnior trafegava a uma velocidade de 80 quilômetros por hora, sempre atento ao velocímetro. Não podia ser parado e também não queria levar nenhuma multa por excesso de velocidade e estava consciente de que se não respeitasse o limite, isso seria perfeitamente possível, devido aos inúmeros radares localizados na pista. "O Detran já está muito rico", pensou.

Alex era um homem audacioso e sonhador. Era alto e moreno, tinha o corpo esguio, olhos verdes e cabelos encaracolados. Enquanto a sua mão direita segurava o volante do Fiat Uno de quatro portas, a mão esquerda segurava um baseado; era o segundo do dia: a *"marijuana"* já havia se adaptado ao seu corpo. A cada tragada, pensava ainda mais no que estava para fazer:

Tinha que estar às 15h30 em uma fazenda a 15 quilômetros do porto, onde pegaria a encomenda. Ainda podia ouvir a voz de Tom Kirsei ao telefone:

— Leve-a para Curitiba e não corra riscos. Lembre-se de que você não pode falhar. A primeira parte do pagamento já estou depositando em sua conta. Quando entregar a mercadoria no endereço determinado, receberá o restante do combinado.

Nunca recebera tanto por um trabalho de transporte, sempre fora bem pago, mas desta vez a quantia era exorbitante e se já não tivesse trabalhado para ele, poderia até pensar que era cilada, mas conhecia Tom Kirsei, e conhecia bem.

Deu mais uma tragada no baseado, prensou o ar e procurou distração na paisagem. Logo se deparou com uma placa anunciando: "POLÍCIA RODOVIÁRIA A 10 KM". No mesmo instante, verificou os vidros: estavam todos abertos. Deu mais uma tragada e jogou fora, mas o seu coração disparou no momento em que vira a placa. Não podia vacilar: se os policiais o pegassem fumando um *"beque"*, poderia pôr tudo a perder. Diminuiu a velocidade para que todo o cheiro saísse do automóvel caso fosse parado, o que não aconteceu. Passou tranquilamente pelo posto, acelerou novamente e voltou à velocidade normal.

No porto de Paranaguá, Alex parou em uma lanchonete e esperou pelo horário adequado para seguir até a fazenda recomendada por Kirsei. Sentia-se ansioso, queria estar logo de volta em Curitiba e, se possível, em segurança; pois só o fato de se imaginar novamente sentenciado por tráfico de drogas, ficava apavorado. Era um homem que não se aceitava preso: reconhecia a liberdade como um bem sem preço. Amava o direito de ir e vir e culpava sua situação financeira por estar fazendo aquele trabalho ilícito de novo.

Exatamente na hora marcada, Alex passou pelos portões da "Fazenda Sete Galos". Aparentemente não havia segurança alguma, mas quando se aproximou do imponente casarão, dois homens surgiram na frente do automóvel, em seguida, outros dois ladearam o veículo. Todos estavam armados com pistolas automáticas e fuzis.

Alex então percebeu que estava cercado.

— Desligue o motor e saia devagar, com as mãos para cima! — disse um deles, com voz ríspida.

— Vão com calma! Sou Alex. O senhor Odair Pacheco está a minha espera.

Houve um momento de silêncio.

— Já sabemos, agora vire-se e ponha as mãos na cabeça. Você acaba de ser autuado no artigo 12, somos da Antitóxico!

Alex não definiu qual das palavras ditas por aquele homem mais lhe apertou o coração; com certeza, haviam sido todas.

— Como fui idiota! Caí numa cilada! Maldição! — gritou inconformado.

Tudo ficou confuso, até que um deles abriu o jogo:

— Que nada! Esse aí é brincalhão mesmo. Na verdade, aqui ninguém entra sem nossa inspeção. Sabe como é, questão de segurança...

Alex sentiu um peso enorme descer pelas costas e sair do corpo. Aos poucos foi se recompondo, voltando a si. Por um momento pensou tratar-se mesmo de uma emboscada e deu graças a Deus por tudo ser apenas uma brincadeira, embora estivesse com vontade de matar o filho da mãe.

— O que está acontecendo aí? — perguntou Pacheco, aparecendo na varanda da casa.

— Não é nada não patrão. Apenas um mal-entendido — explicou um dos capangas.

— Muito bem! Tragam-no aqui.

CAPÍTULO 58

Pacheco era um homem pesado, grande, aparentando uns 50 anos, com a barba longa e um rosto de feições fortes. Pelo sotaque, Alex concluiu que o homem devia ser boliviano, e que não aparentava ser do tipo que não gostava de fazer amigos.

— Preciso ver sua identidade — disse ele.

Alex pegou o documento e mostrou para um dos capangas.

— É ele mesmo.

— Podem entregar a mercadoria. Depois que estiverem no porta-malas do seu carro, só posso lhe desejar boa viagem. — engrossou a voz — E deve saber que se essas caixas não chegarem a Curitiba, você também não chegará a ver o dia de amanhã.

Alex apenas respondeu:

— Agora é comigo!

Alex subiu a serra, pensando no susto e no medo que sentiu quando havia chegado à fazenda. Mas agora o sorriso se desenhava em seus lábios; faltava pouco para colocar as mãos no restante do dinheiro.

— Não vejo a hora de entregar logo isso — falou consigo mesmo.

Os integrantes do grupo encontravam-se no interior de um apartamento do conjunto Euclides da Cunha, situado no Alto Boqueirão, perto da Linha Circular Sul, a avenida escolhida para o sequestro do ônibus, cuja continuação se dava na Avenida Marechal Floriano, onde Juliana tombou mortalmente ferida na década de 60. Estavam todos impacientes a espera de Alex Júnior. Somente com a chegada dele e a mercadoria, poderiam se tranquilizar e dar continuidade ao plano.

Finalmente às 19h, o Fiat Uno de quatro portas parou em frente ao apartamento. Alex havia conseguido.

CAPÍTULO 59

No dia seguinte o grupo saiu bem cedo, já estavam há três dias na cidade e a ansiedade desconfortava seus corações, que batiam cada vez mais forte. Precisavam estudar com cautela os últimos detalhes; tinham apenas dois dias para embarcarem no ônibus Circular Sul e anunciarem para as autoridades competentes que se tratava de um sequestro.

Nada podia sair errado e analisando o plano atentamente sentiam-se orgulhosos por estarem envolvidos em uma missão tão perfeitamente planejada, e todas as vezes que embarcavam no ônibus para estudar o trajeto, a convicção de que o plano não teria erros se fortalecia.

— Finalmente chegou a hora de vingarmos nossos antepassados, chegou o momento de morrermos para renascermos: é a nossa missão aqui, e enquanto estivermos vivos, ela não estará cumprida. — Brennt esqueceu-se que estava dentro do expresso, e quando percebeu, havia uma dúzia de pessoas lhe olhando, sem bobear, olhou para seus companheiros e continuou — No final do filme, uma tragédia...

— Que tipo de tragédia? — perguntou Verônica, para socorrê-lo do embaraço.

— A cidade foi toda destruída — respondeu Brennt.

Ele e Verônica não se cansavam de espantar-se com a transformação ocorrida na cidade onde viveram uma parte de suas infâncias. Realmente Curitiba havia crescido e se desenvolvido muito, mas quando passavam pelo local em que Sheila havia sido morta, todas as lembranças amargas voltavam em suas mentes.

— Foi ali! — apontou Brennt, para o local exato onde a mãe expirou — E a agência bancária que papai foi ainda está funcionando.

Fechando os olhos, Verônica podia ver seu pai saindo do banco e gritando por eles. Revia a cena e sentia a dor que sentiu naqueles dias; passar ali era como voltar ao tempo...

— A polícia a matou... — disse Verônica, baixinho — Não tenho a menor dúvida de que acertamos em cheio em escolher essa cidade para nossa vingança. Sabe, ainda posso ver o pedido nos olhos de papai, pouco antes dele morrer: façam o que eu não fiz. É isso que trouxe eu e meu irmão até aqui.

Sturt complementou:

— Nosso pai também nos pediu isso, antes de ter um enfarto. Não é mesmo, Gruguer?

— Sim, e acho que ele só vai descansar em paz quando fizermos o que ele pediu.

Desceram na mesma estação-tubo em que haviam embarcado, a estação Eucaliptos: apenas uma das 361 que estavam instaladas por toda a cidade, e somente na Linha Circular Sul encontravam-se 80, todas com elevadores especiais para deficientes físicos e portas com sistemas hidráulicos. As estruturas feitas em aço e carbono, em estilo oval e com vidros laminados proporcionavam um destaque extra à cidade causando inveja ao grupo. Eram todas pessoas do primeiro mundo e conheciam várias cidades do exterior, mas nenhuma com a personalidade curitibana e com um sistema de transporte tão excepcional.

— Passamos por sete terminais de ônibus e por 80 estações-tubo — observou Kirsei, admirado — Lembram-se dos nomes de todas? — perguntou a Gruguer.

Todos responderam ao mesmo tempo.

— Nem da metade.

De volta ao apartamento, aproveitaram o tempo para uma conferência nos mapas que tinham da cidade, e depois de checarem tudo, só restava elogiar o plano inspirado por um sonho, e congratularam Buber, por ter sido o mentor inicial da proeza e também Carssom, que no momento aguardava em Berlim, pelas notícias que seriam transmitidas pela televisão.

Elizabete Rofmam e Raquel Strobel nem imaginavam o que estava acontecendo, seriam pegas como Curitiba: de surpresa, justamente para que não pudessem fazer nada para impedir.

Um dia antes da tragédia eles almoçaram na restaurante do Seu João, situada na esquina da linha Circular Sul e próxima ao apartamento alugado. Era pequeno, mas aconchegante e bem agradável. Escolheram uma mesa em um canto do ambiente e pediram cervejas. Enquanto tomavam e aguardavam para se servirem começaram a conversar, e o assunto era sobre o sequestro.

— O importante é detonar as ogivas exatamente às 16h, como Buber nos pediu — explicou Kirsei, lembrando que a explosão não poderia passar desse horário.

— Sim, isto já está certo, agora vamos falar dos detonadores. Como são seis, um para cada um, todos devemos estar atentos, mesmo que ninguém e nada possa nos impedir quando estivermos dentro daquele ônibus, o cuidado e a atenção precisam prevalecer. — após uma pausa, Jimmy continuou — Se alguma coisa acontecer a um de nós, os outros devem imediatamente acionar o botão detonador. Nesse caso, a explosão acontecerá instantaneamente e fora do horário combinado.

Almoçaram e continuaram conversando, acertaram todos os detalhes e só pouco antes de pedirem a conta Verônica percebeu que a garçonete estava sempre perto deles, havia passado várias vezes pela mesa e ela então compreendeu que a moça já tinha ouvido o que não podia. Mas já era tarde demais.

Uma hora depois, Dalva, a garçonete aflita correu para o telefone e discou o número da polícia militar.

CAPÍTULO 60

No dia 23 de novembro tudo estava meticulosamente preparado, o dia amanhecera lindo e com céu claro; os termômetros estavam marcando 25 graus e seria mais um dia como outro qualquer na Cidade Sorriso, se a mão do destino mudasse os próximos acontecimentos; mas parecia que isso não ia acontecer, e nunca na história dos 300 anos da cidade, algo igual se sucederia.

Eles acordaram dispostos, telefonaram para Buber avisando que estava tudo certo e confirmaram que entrariam no ônibus às 10h. O Mão de Ferro concordou e os abençoou.

Um reforçado café da manhã com tudo que tinham direito foi degustado por todos, em seguida passaram 30 minutos orando e meditando, concentrando-se na missão. Estavam cientes e preparados para morrerem: achavam que a causa era justa, justa e nobre por poderem se vingarem por seus antepassados.

Poderiam ter escolhido a própria Alemanha atual e unificada para cometerem a vingança, afinal foi ali que os integrantes da lista e milhares de judeus perderam suas vidas nas mãos de Adolf Hitler, mas sobrou para o Brasil.

Foi no Brasil que tudo começou, e no Brasil tudo teria que terminar.

Antes de saírem do apartamento, conferiram as ogivas e as armas que havia vindo junto. Olhando os cilindros que continham os produtos químicos e nucleares com alto poder de destruição meditaram sobre o avanço da tecnologia. "O que Hitler não faria nesse tempo!", pensou Kirsei.

Colocaram as armas em uma bolsa de viagem; seis minis metralhadoras Ulzem, quatro pistolas 765, e ainda dois 38 de cano curto e cromados. Por precaução, quatro granadas e seis comunicadores. Além das armas havia uma caixa com mais de 20 latas de spray na cor azul escuro compradas no dia anterior por Jimmy. Elas faziam parte do plano e do arsenal.

Às 9h50 estavam a dez passos da estação-tubo Eucaliptos. Tinham as expressões lívidas. Estavam nervosos, o que iriam fazer não tinha volta e nunca antes haviam sentido o que estavam sentindo naquele momento.

— Não acredito que estamos fazendo isso, é loucura. — Verônica murmurou a Kirsei, deixando transparecer um pouco de arrependimento — Estamos prestes a deixarmos o mundo e ainda temos tanto para viver! Diga que me ama!

— É claro que te amo. Por que acha que vou morrer com você? Eu, que nada tenho a ver com o passado sinistro dos pais de vocês. Olha, ou eu amo muito você, ou então sou o ser mais louco desse planeta! — Kirsei estudou-a por alguns instantes — Está pensando em desistir?

Verônica virou-se para ele e respondeu rispidamente.

— Nunca! Jamais!

Gruguer ouviu a conversa e antes de entrarem no tubo comentou:

— Existe um ponto em que o ódio e o desejo de vingança se tornam um só, e é nesse ponto em que chegamos. — olhou profundamente nos olhos de cada um, e ordenou: — Vamos entrar.

O ônibus biarticulado de seis portas e 21 metros de comprimento passava nos tubos com intervalos de 15 minutos. Exatamente às 9h57 o ônibus de número 237 apareceu ao longo da pista.

O operador que estava de serviço na estação não podia supor a intenção do grupo. Kirsei e Jimmy usavam um sobretudo e os demais estavam vestidos em estilo social. Apenas Verônica usava um jeans que combinava perfeitamente com uma jaqueta de couro. Misturado com passageiros comuns, o grupo estava acima de qualquer suspeita.

CAPÍTULO 61

10h05 a.m.

Ao entraram no ônibus passaram a agir de acordo com os detalhes que haviam planejado; divididos em dois grupos de três. Sturt, Jimmy e Verônica dirigiram-se para a parte dianteira do veículo. Levavam a caixa de spray e as pistolas na cintura. Kirsei, Gruguer e Brennt encaminharam-se para a parte de trás do veículo, com as duas mochilas e a bolsa que continha as minis metralhadoras: colocaram a bolsa no chão e a abriram. Cada qual pegou uma arma, engatilharam e Gruguer sentenciou, com voz grossa e determinante:

— Isto é um sequestro e para a segurança de todos sugiro que fiquem calmos e não entrem em pânico. — havia 48 passageiros no interior do ônibus, entre eles, dois policiais militares fardados na parte da frente, e Odair Pacheco, um policial civil, vestido à paisana, que se encontrava ao fundo do ônibus. Os policiais fardados, ouvindo a sentença de Gruguer, imediatamente colocaram as mãos nos coldres e procuraram em vão se camuflar entre os passageiros. Gruguer continuou — Estamos fortemente armados e não admitiremos qualquer tipo de reação; se gostam da vida, não tentem a fama de heróis. Não estamos brincando, ao menor deslize, nossas armas falarão primeiro!

Os policiais a princípio pensaram que eles estavam em três e, esperançosos, sacaram suas armas, mas logo em seguida perceberam que se encontravam sob a mira das pistolas de Jimmy, Sturt e Verônica.

— Muito bem! — exclamou Sturt — Me passem as armas e não tentem nada; estamos todos bem armados.

Não havia chance para os policiais.

— Mais alguém está armado? — perguntou Jimmy, olhando os passageiros aterrorizados.

Ninguém respondeu.

Ele então dirigiu-se ao motorista, que havia parado o expresso.

— O que está fazendo? Quem mandou parar o ônibus? Agora você vai morrer! — e apontou a pistola alemã para o homem.

O motorista começou a implorar: prometeu fazer tudo o que mandassem.

— Faço tudo! Mas me deixem viver! Por favor! — o homem suplicou, chorando.

Havia pânico em todo o interior do expresso e os passageiros estavam confusos. Era um acontecimento inusitado e ninguém sabia ao certo o que estava acontecendo.

Em questão de minutos todos os passageiros ficaram em silêncio.

Jimmy ainda tinha o motorista na mira de sua pistola, e, de forma irônica, ordenou a ele:

— Vai fazer um favor para nós, e quem sabe, viverá.

Uma luz no fim do túnel apareceu para Aírton, com 37 anos de vida e 17 de profissão. No momento, só pensava na mulher e nos filhos.

— O que quiser! Pode pedir.

Jimmy retirou do bolso um envelope e entregou a ele. Já fazia quase cinco minutos que o ônibus estava parado entre a estação-tubo Eucaliptos e a estação-tubo Nova Europa.

— Desça e entregue isso à polícia! — disse Jimmy, sentando-se no assento do motorista — O mais rápido possível.

— Abra a sétima porta — disse Aírton, tentando apressar sua saída — A de emergência, é o último botão do painel a sua esquerda.

A porta de emergência dos biarticulados fica à esquerda do motorista, é a porta da frente, usada apenas para a entrada e a saída dos funcionários na garagem, ou para alguma emergência. Jimmy apertou o botão indicado e a porta se abriu.

— Agora vá! E não se esqueça, entregue isso ao primeiro policial que encontrar

Aírton desceu os degraus correndo, agradecendo por estar a salvo.

Na sequência o veículo começou a se movimentar, Jimmy olhou em um dos retrovisores internos e a impressão que teve é de que tudo estava correndo bem, apesar do clima tenso. Pelo mesmo retrovisor avistou Verônica e deu o sinal.

Ela entendeu, colocou as mochilas com os cilindros sobre o chão da plataforma sanfonada que unem as duas articulações e disse bem alto, para todos ouvirem:

— Se alguém encostar nessas malas, elas vão explodir.

Depois abriu a caixa que continha os sprays, pegou algumas latas e dirigiu-se para a parte de trás do veículo; apertou os sprays em todos os vidros, impossibilitando a visão tanto de fora para dentro como de dentro para fora, na sequência virou-se para os companheiros e afirmou:

— Está pronto!

CAPÍTULO 62

Garagem da empresa de ônibus
10h10 – a.m.

O inspetor de tráfego, Carlos Heitor dos Anjos, estava sentado em sua cadeira estofada diante de sua mesa, analisando algumas propostas de ampliação das linhas da região norte, quando o telefone tocou:

— Alô! Heitor? Aqui é Aírton. Aconteceu uma coisa horrível agora comigo, acabaram de sequestrar meu veículo.

Heitor mudou o telefone de mão.

— Como é? Está me dizendo que sequestraram um biarticulado? Por um acaso andou bebendo?

— Não, senhor! E nunca falei tão sério em toda minha vida! Os homens estão armados, me deram um envelope e ordenaram que eu entregasse à polícia, tem uma mulher com eles. Agora quero saber, o que eu faço?

— Onde você está?

— Na Estação Eucaliptos.

— Ótimo! Não saia daí e espere a polícia chegar. Depois venha direto para a empresa. — O inspetor suspirou fundo e antes de desligar, murmurou:

— Você vai entrar para a história!

A tensão dentro do ônibus passou a aumentar, estava trafegando em uma velocidade normal, mas sem parar em nenhuma estação e com todos os vidros na cor azul escuro. Os passageiros não tinham noção da real intenção dos sequestradores, sabiam apenas que eles possuíam uma bomba e que suas vidas estavam nas mãos daquele grupo insano.

Os policiais militares foram algemados em dois bancos atrás do motorista. Eles não podiam falar e não tinham como reagir: estavam imobilizados.

Nos últimos assentos encontravam-se cerca de 12 pessoas, entre elas, Marcelo da Costa, um rapaz que há dois anos descobrira ser portador do vírus HIV. Era alto, claro, tinha cabelos curtos e olhos grandes, vinte e três anos, e não aparentava estar doente. Porém Marcelo era autor de vários assaltos à mão armada e o principal suspeito de dois assassinatos. Estava nas ruas, porque tinha um bom advogado que lhe havia conseguido um habeas corpus, dando-lhe o direito de cumprir a sentença em liberdade. Para Marcelo, a vida e a morte eram indiferentes, aprendeu logo cedo a não ter medo de nada e já estava estudando em sua mente uma maneira de deter aqueles homens, reconhecendo que a situação era bastante complicada.

Ao passar pelo terminal do Boqueirão, com os vidros camuflados e sem parar na plataforma de embarque e desembarque, o fiscal imediatamente anotou o número do ônibus e ligou para a empresa.

Com todas as pessoas sentadas, poucos bancos restaram vazios. Jimmy sentia-se como um rei na direção do expresso e a visão que teve no retrovisor interno proporcionou-lhe mais satisfação. Pelo menos, muito mais do que ele próprio poderia esperar. Nele, pôde ver todos os passageiros totalmente dominados, sem chance alguma de defesa, não podendo assim interferir no plano do grupo. Jimmy sentia-se nas nuvens, imaginando que ninguém mais poderia evitar o estrago que pretendiam fazer. Por mais que alguém ousadamente resolvesse reagir e conseguir colocar tudo a perder, era só apertarem o botão do controle remoto que cada um possuía para que a detonação das ogivas nucleares acontecesse. Finalmente estavam ali, como tanto queriam, no êxtase do prazer de estarem cumprindo a vingança. Jimmy foi interrompido de seu devaneio pelos gritos horríveis de uma mulher exageradamente robusta, que se levantou e começou a gritar.

— Me deixem sair! Eles vão nos matar! Me deixem sair! — gritava ela, enquanto batia com toda força na porta — Eu preciso sair! Abram essa maldita porta!

— Alguém dê um jeito nela! — gritou Kirsei, do fundo do ônibus.

Sturt aproximou-se e deu uma coronhada com o cabo da arma na cabeça dela, fazendo-a desmaiar. Depois olhou para os passageiros e disse

— Isso é o que vai acontecer com quem se levantar.

A mulher ficou sangrando no chão, alguns passageiros queriam socorrê-la, mas não se atreveram a saírem de seus lugares.

— Temos que ajudá-la! — arriscou uma moça.

— Se alguém se levantar, morre! — esbravejou Sturt.

Aos poucos Jimmy foi aumentando a velocidade e passou a não respeitar mais os semáforos, quando encontrava um sinal vermelho simplesmente buzinava várias vezes e seguia em sua frente. Tom Kirsei olhou o relógio, pegou o celular e um papel do bolso, em seguida fez a ligação.

Na sede da polícia federal de Curitiba o agente Maia estava conversava com outros dois agentes em uma das 38 salas agrupadas no conglomerado de mais de 450 metros quadrados construídos no coração da cidade. Maia estava vivendo seus melhores dias; sua esposa estava para dar à luz ao seu primeiro filho, e o agente não via a hora de ser pai:

— Não escolhemos ainda o nome do bebê, fizemos uma lista, mas só vamos decidir quando virmos o rostinho dele. Ele há de ser como o pai! Um garanhão destemido.

— Não esquenta, não! — ponderou Diogo, o outro agente que se encontrava na sala — Se não for como o pai, com certeza, será como a mãe!

Eduardo Porto, o terceiro agente conhecido como brincalhão e cara de pau, do tipo que não media muito as palavras e às vezes se dava mal exatamente por esse motivo, ao ouvir a conversa, não pôde deixar de se intrometer:

— Há uma terceira alternativa... — disse ele.

— Do que você está falando? — perguntou Maia.

Porto deu uma risada cínica e comentou:

— Ora! Estou falando do vizinho.... Pode ser que se pareça com ele!

Maia enfureceu-se, torcendo os lábios num gesto de cólera. Nesse momento o telefone de sua mesa tocou, com a mão no aparelho, olhou seriamente para Porto e disse:

— Levou sorte.

— Agente Maia, pois não!

Pouquíssimas pessoas no mundo conheciam o número de sua linha particular, era uma linha exclusiva, usada somente para intercâmbio de informações sigilosas ou para missões secretas e de alto nível, no momento, não estava esperando por nenhuma ligação.

— Alô! Agente Maia! Eu sugiro que preste muita atenção no que vou dizer. Estou de posse de seis ogivas nucleares...

— Mas quem está falando? — Maia interrompeu aturdido — Não sei como conseguiu este número, mas deve saber...

— Cale a boca e me deixe continuar. Você tem menos de cinco horas para avisar o presidente e obter a quantia de 50 milhões de dólares, caso contrário, você, sua família e sua cidade sofrerão consequências terríveis. Será que fui bem claro?

Maia tinha horror a trotes.

— Mas que diabo é isso!? O que pensa que está fazendo? Saiba que nesse momento essa ligação está sendo gravada e você poderá ser preso por passar trotes, não tem o que fazer?

Kirsei continuou, com voz passiva e calma

— Para dizer a verdade, estou muito ocupado no momento, estou dentro de um ônibus expresso, Circular Sul para ser mais exato, e tenho mais de 50 reféns dominados, portanto é melhor começar a me escutar, ou ligo para outro agente.

Maia olhou para os seus companheiros e apertou o viva-vos. Estava pasmo.

— Você está me dizendo que sequestrou um ônibus? E quer 50 milhões de dólares.

Kirsei respondeu sorrindo:

— Agora sim, está começando a me entender. Tenho três exigências a serem cumpridas antes que se preocupe em conseguir o dinheiro. Primeira: não tentem em hipótese alguma parar o expresso; segunda, quero todos os sinaleiros liberados, pois não pretendemos parar em nenhum; e a terceira exigência você ficará sabendo daqui... — olhou para o relógio — aproximadamente 30 segundos, e desligou.

O agente Maia desligou o telefone, olhou para os companheiros e comentou:

— Se isto não for um trote, estamos com um grande problema.

CAPÍTULO 63

10h30 – a.m.

Quando a viatura da polícia militar chegou à Estação Eucaliptos, O motorista encontrava-se ainda muito assustado e, antes mesmo de lhe perguntarem alguma coisa, ele já foi logo dizendo:

— Eles estão em um bando, são cinco ou seis, todos bem armados.

— Mas "eles" quem? — perguntou um dos policiais.

Sem ter uma resposta satisfatória, o motorista entregou o envelope.

— Pediram que eu entregasse isto ao primeiro policial que encontrasse.

O cabo Michel dos Reis, de 25 anos pegou o envelope e o abriu. Dentro, encontrou um bilhete com apenas algumas palavras:

1 – NÃO TENTEM PARAR O ÔNIBUS.
2 – LIBEREM OS SINAIS DE TRÂNSITO.
3 – CANCELEM O TRÁFEGO DE VEÍCULO DESTA LINHA.

— Mas o que é isso? — o policial olhou para o motorista, passou o envelope para o seu companheiro e ordenou: — Entre na viatura. Vamos para a delegacia.

Tom Kirsei desligou o telefone, voltou a olhar o papel que havia retirado do bolso e ligou novamente, dessa vez para a Rede Globo de Televisão, uma das grandes potências em emissoras brasileiras. A filial de Curitiba estava localizada próxima ao centro da cidade, no bairro do Batel; a moça que atendeu também se chamava Verônica:

— Rede Globo, bom dia!

— Tenho uma matéria de primeira mão, e totalmente de graça, está interessada?

— Com quem estou falando?

Kirsei expressou seu descontentamento:

— Quem está falando não interessa. O que importa é que nesse exato momento tem um ônibus circulando nessa cidade com uma bomba nuclear dentro. O veículo está sequestrado e com os vidros camuflados, estou falando do Circular Sul, e vocês só precisam mandar os repórteres para cá. O que acha dessa matéria?

A moça sorriu, era difícil acreditar em uma história daquelas. Quando ia manifestar seu descrédito, a ligação havia sido cortada.

O primeiro acidente ocorreu logo após o Terminal do Carmo, entre o cruzamento da Erasto Gaertner com a Marechal Floriano Peixoto, avenida em que o ônibus circulava e onde, há anos, Juliana tombara morta. A Parati de cor cinza e de último modelo foi arremessada longe com o impacto do biarticulado, que não respeitou o sinal. Dentro dela havia apenas o motorista, que ficou desmaiado e sangrando: e isso era apenas uma consequência do que aconteceria se não liberassem logo os sinais de trânsito, pois realmente estavam decididos a não parar o expresso em hipótese alguma.

A mulher que havia levado a coronhada na cabeça ainda estava no chão da porta de número três. Não estava mais sangrando, mas parecia estar morta. A impressão que os passageiros tinham ao observá-la era de que o pior ainda estava por vir.

Um homem de rosto magro e corpo esguio, encolhido em um dos bancos, desfazia-se num choro contínuo, estava perto da porta de número quatro e ao seu lado encontrava-se uma linda jovem de rosto meigo e cabelos escuros. A todo instante a moça pedia para o homem parar que ele não chamasse a atenção dos sequestradores, mas o homem continuava a chorar, como se fosse uma criança.

Sturt parou em frente ao banco em que o chorão se encontrava e, segurando a mini metralhadora com uma das mãos, usou a outra para colocar a pistola na cabeça dele.

— Seu covarde! Não ouviu o que nós dissemos? Se ficarem quietos, não vai acontecer nada! Se não calar essa boca agora mesmo, eu juro que te mato! — o homem encolheu-se ainda mais, olhou para Sturt e suplicou:

— Por favor. Por favor. Não me mate.

Seu rosto estava coberto por lágrimas, Sturt sentiu uma pontada no coração, mas não podia perder a pose. Retirou a pistola da cabeça do assustado e disse:

— Se eu voltar aqui e ainda estiver nesse choro, não vai ter outra chance.

O primeiro telefonema do agente Maia após ter recebido aquela ligação que considerava maluca, foi para sua casa. Não conseguia tirar da mente a parte em que o desconhecido mencionara sua família.

— Sônia! Está tudo bem?

— E por que não estaria? Aconteceu alguma coisa?

Maia não quis preocupá-la:

— Não, não aconteceu nada. Só tive um pressentimento estranho. Me garanta que está tudo bem e eu fico tranquilo.

— Bom, se é assim, vou lhe dizer a verdade.

Maia levantou-se.

— É que.... Estou morrendo de saudades!

— Ah! Você me assustou. — reclamou o agente, sentando-se novamente — Se é só isso, fique tranquila. Dentro de algumas horas estarei em seus braços.

Desligou, olhou para os companheiros e avisou:

— Em casa está tudo bem. Agora vamos averiguar se está acontecendo alguma coisa grave ou não nesta cidade. Não gostei do tom de voz daquele sujeito, vocês devem ter notado que, pelo sotaque dele, ele deve ser estrangeiro, e nunca se sabe o que um estrangeiro pode ter na cabeça.

— Tem toda razão. — disse Diogo — Não parecia ser um trote.

Caio Adam entrou na sala. Além de agente, era um homem sério e de inteligência admirável. Estava na casa dos 40 anos, era alto e mantinha o corpo em perfeitas condições físicas. Caio sempre achava que a vida estava apenas começando, falava pouco, mas falava sempre na hora certa.

Depois de ouvir a gravação do telefonema, comentou:

— O homem está dentro de um ônibus em movimento. Se prestarem atenção, poderão ouvir o barulho do motor ao fundo. — explicou com o cenho preocupado — Acho que Diogo tem razão. Não parecia ser um trote.

Um outro telefone tocou em sua mesa, Maia precipitou-se em atender.

— Agente Maia!

A ligação vinha da própria sede da polícia federal.

— Maia, acabamos de receber uma ligação da polícia militar. Parece que um ônibus foi sequestrado agora há pouco, o Tenente Alberto está chamando por vocês.

Os quatro entreolharam-se.

— Avise que estamos a caminho. E por enquanto, diga ao tenente para não parar o ônibus.

CAPÍTULO 64

10h45 – a.m.

A situação dentro dos claustrofóbicos limites que se tornara o interior do expresso ficou ainda mais crítica quando os 48 passageiros descobriram que se tratava de um ato terrorista. Alguém gritou alucinado que o grupo que se comunicava entre si as vezes em inglês ou alemão tinha uma bomba nuclear pronta para explodir. Para controlar a ansiedade dos passageiros, Gruguer apontou a mini metralhadora para o alto e acionou o gatilho, disparando várias vezes e provocando um barulho ensurdecedor. Alguns segundos depois, o ônibus encontrava-se num mórbido silêncio, e o teto, inteiramente perfurado.

— Está bem! — gritou ele, diante dos rumores — Temos sim uma arma nuclear dentro desse ônibus! Está ali. — apontou para as mochilas que estavam no centro da segunda articulação — E aqui está um dos detonadores. — mostrou para todos — Cada um de nós possui um, e é inútil e pouco inteligente tentarem fazer alguma coisa para nos impedir. Se encostarem nelas, elas se auto detonarão automaticamente, porém nada vai acontecer se as autoridades lá fora cumprirem as nossas exigências. Portanto se ficarem em silencio e em seus lugares tudo ficará bem.

Odair Pacheco tinha 35 anos e estava há quase 15 na polícia civil. Possuía uma estatura mediana e mantinha a barba sempre grande. Trajava calça jeans e camisa de mangas longa; portava na cintura uma pistola automática e farta munição. Antes de os sequestradores entrarem no ônibus, Odair estava usando óculos escuros, mas assim que percebeu a situação, guardou-os no bolso para não chamar a atenção. Sabia que não podia reagir, e também que o caso era muito mais sério do que os passageiros estavam supondo. Ficou olhando as mochilas que supostamente continham as bombas, imaginando que poderia se tratar de ogivas ou arma química. Procurou imaginar uma maneira de retirá-las do veículo, mas não encontrou.

Agora estavam quase saindo da Avenida Marechal Floriano, e o ônibus passou tão rápido pelo local em que Juliana havia morrido, que Brennt e Verônica nem perceberam. Com os vidros todos camuflados, era quase impossível se localizarem, de repente foram surpreendidos pelas sirenes dos carros da polícia. Jimmy olhou no retrovisor externo e observou três viaturas acompanhando o biarticulado. Foi aí que a cidade começou a se dar conta do que estava acontecendo dentro de seus limites.

Às 11h um helicóptero da Rede Globo de Televisão começou a sobrevoar o local em que o ônibus estava trafegando, logo depois, mais quatro aparelhos com diferentes insígnias se juntaram a ele. Dois deles pertenciam à polícia federal e os outros eram também da imprensa. Todas as autoridades já estavam a par do que estava acontecendo, mas as informações eram contraditórias.

Na empresa de ônibus, o inspetor de tráfego nada podia fazer além de cumprir as ordens que vinham da polícia militar. Por sua vez, a polícia militar aguardava ordens da polícia federal, e essa tinha que agir conforme as ordens do presidente da república, que já havia sido informado.

Foi questão de pouco tempo para o sétimo distrito policial situado na Vila Hauer se transformar em um aglomerado de pessoas entrando e saindo; era ali que estavam decidindo qual o melhor procedimento a ser tomado. Agentes federais e equipes de antissequestro foram acionados e estavam prontos para agir, só não sabiam como. As notícias eram muito vagas: necessitavam de mais informações.

O agente Maia e seus três companheiros apresentaram a fita gravada com o telefonema que haviam recebido. Caio Adam deduziu que para terem pedido o exorbitante resgate de 50 milhões de dólares, era certo que tinham um grande trunfo nas mãos. Como uma bomba. Minutos depois os noticiários da televisão iniciaram as transmissões ao vivo sobre o sequestro do biarticulado em movimento. Alguém na sala sugeriu que ligassem o televisor.

— Atenção! — dizia o repórter da televisão — *O plantão do Jornal Nacional informa: um ônibus está nesse momento em poder de sequestradores supostamente estrangeiros na cidade de Curitiba! Estamos transmitindo ao vivo, e segundo informações não confirmadas, existe uma bomba nuclear em seu interior...*

A princípio os agentes federais assustaram-se, se perguntando como a notícia havia vazado para a imprensa tão rapidamente, mas o fato é que, realmente, tudo o que Caio havia previsto, estava se confirmando. Quando souberam que a ação havia sido denunciada à polícia militar com dois dias de antecedência por meio de uma ligação anônima, os agentes federais revoltaram-se:

— Vocês querem me dizer que foram avisados que havia um grupo com uma bomba nuclear na cidade e nada foi feito? — perguntou Porto.

Um soldado tentou se justificar:

— Foi uma ligação rápida. Uma moça nos disse que eles estavam em um restaurante, mas quando pedimos o endereço, ela desligou.

— Mas deveriam ter investigado! Tinham que ter investigado.

Nesse momento o telefone tocou: todos na sala fixaram seus olhos no aparelho. Diogo apressou-se em apertar o botão do gravador, Maia atendeu.

— Agente Maia.

— Os sinais de trânsito ainda não foram liberados, estão esperando alguém morrer para fazerem isso?

— Estamos providenciando, as viaturas já estão se posicionando agora preciso que pare o ônibus e libere alguns reféns. Só assim vamos poder dar continuidade as suas exigências.

Tom Kirsei respirou fundo.

— O senhor ainda não entendeu. Não estou negociando, estou exigindo, não se trata de um simples sequestro com alguns reféns envolvidos, vai muito além disso, estamos de posse de seis ogivas nucleares e não atender as minhas exigências elas serão detonadas. Conseguiu compreender agora a gravidade da situação?

Eu não disse? Pensou Caio.

— Preciso entender...

A ligação fora cortada.

Agora a cidade de Curitiba parecia estar sob completa ação de guerra. Mais de 200 viaturas foram designadas para bloquear as ruas que davam acesso à canaleta do ônibus e impedir que mais acidentes acontecesse. A essa altura muitos veículos já haviam sofrido acidentes nos cruzamentos. Helicópteros de vários modelos, inclusive os da Polícia Federal e das Forças Armadas, sobrevoavam toda o espaço aéreo, enquanto no solo ambulâncias e mais viaturas se posicionavam em pontos estratégicos por todo o trajeto em que o Circular Sul estava passando.

Já não havia mais dúvidas, estava confirmado. A metrópole representativa do Brasil moderno estava realmente correndo sério risco de sofrer uma catástrofe inimaginável.

CAPÍTULO 65

11h20 – a.m.

No recinto do restaurante, Dalva, aflita, não tirava os olhos do televisor. Sabia perfeitamente que as pessoas que estavam dentro daquele ônibus eram as mesmas que estiveram ali, dois dias antes. Os noticiários apenas confirmavam o atentado que ela denunciara à polícia militar, sabia também que se a sua denúncia tivesse sido investigada, aquilo poderia não estar acontecendo. Dalva arrependeu-se por ter desligado o telefone quando lhe pediram seu endereço, mas agora já era tarde demais.

Trocando de canal, ela percebeu que todas as emissoras transmitiam a mesma matéria. Era um fato inédito e os jornalistas repetiam sistematicamente que a cidade de Curitiba corria um grande risco de sofrer uma triste tragédia. As imagens do biarticulado estavam sendo transmitidas a nível internacional e dezenas de países começavam a acompanhar e também a orar pela cidade.

Foi nesse momento que ela pegou o telefone e discou novamente o número da polícia.

Na sede da polícia federal, Maia, transtornado, sentiu suas feições ficarem rubras de cólera:

— O desgraçado desligou.

— Se o que ele disse for realmente verdade, eu diria que estamos com a corda no pescoço. — ponderou Diogo, aproximando-se de um enorme mapa fixado na parede — A radioatividade dessas ogivas podem atingir toda a cidade e grande parte da região metropolitana. Mais de 500 mil pessoas podem morrer em consequência do efeito nuclear.

Houve um momento de silêncio.

— Temos que consultar a NASA, os americanos devem ter alguma explicação — argumentou Adam, acompanhando com os olhos a entrada de um homem na sala, que anunciou apressadamente:

— Senhores, estamos com a moça que fez a denúncia há dois dias. Ela está na linha 02, e diz que sabe quem são eles.

Maia olhou para todos.

— Apesar de tudo, estamos com sorte. — pegou o telefone e pressionou o número dois.

— Agente Maia...

A mulher que havia sofrido o ferimento na cabeça precisava ser retirada do interior do ônibus. Ela continuava desmaiada e com muito sangue envolta do corpo; Gruguer pediu a Jimmy que parassem em alguma estação para que pudessem retirá-la. Não constava nos planos uma parada do biarticulado em momento algum, mas diante do daquele fato eles tiveram que improvisar.

— Sejam rápidos.... Vou parar em breve.

CAPÍTULO 66

11h45 – a.m.

Vinte e cinco minutos depois do agente Maia ter atendido o telefonema de Dalva, ele e os outros agentes que estavam acompanhando tudo desde o início chegaram ao restaurante. A primeira coisa que Maia pediu foi a descrição dos sequestradores, mas era difícil para a moça recordar-se minuciosamente de todos.

— Estavam em seis. Cinco homens e uma mulher, morena, muito bonita. Quando perceberam que eu estava prestando atenção em toda a conversa, eu já tinha compreendido que se tratava de uma vingança, e que eles tinham uma arma nuclear.

A lanchonete situava-se a menos de 200 metros da canaleta, e no momento em que estavam conversando, os helicópteros sobrevoaram o local e os sons sibilantes das sirenes se aproximando foram simultaneamente ouvidos por todos, e instantes depois, o ônibus com os vidros todos pintados de azul escuro passou pela pista, muito próximo deles, com mais de dez viaturas o acompanhando.

— Entre no carro! — disse Maia para Dalva — Vamos para o Distrito.

CAPÍTULO 67

Berlim, Alemanha
11h50 – a.m.

Buber Fritz Alambert trancou-se na sala do terceiro andar do velho prédio de grades nas janelas, localizado na rua Zietem, e ninguém, além de Carssom sabia que o Mão de Ferro estava ali. Nem mesmo sua mulher, Raquel Strobel, que já estava há tempos desconfiada do estranho comportamento do marido

Jimmy justificou a Elizabete a necessidade de ter que passar alguns dias fora, em virtude dos negócios. Elizabete acreditava que o marido estivesse na França, atarefado com as instalações de uma nova filial,

Naquela mesma hora, Raquel e Elizabete encontravam-se em suas casas, mas não estavam com seus televisores ligados. Elas não podiam jamais supor que naquele mesmo momento o mundo estava sofrendo horrorizado com a notícia da possível detonação de ogivas nucleares em Curitiba, e que os responsáveis pelo que estava acontecendo eram seus próprios maridos.

Dentro da sala do antigo prédio, mobiliada com apenas a velha escrivaninha e seis cadeiras estava Buber. Havia levado um televisor de 20 polegadas, um revólver calibre 38, uma pistola alemã, um celular e seis garrafas de champanhe para tomar vagarosamente enquanto assistia ao vivo o que se passava em Curitiba. Era tudo o que precisava.

Às 10h25, hora em que as primeiras notícias começaram a ser divulgadas nos Estados Unidos e simultaneamente na Alemanha, Buber abriu uma das garrafas e começou a comemorar o excelente serviço de sua equipe. Estava tudo dando certo e o Mão de Ferro finalmente sentiu-se realizado.

Na verdade, ele estava se deliciando com as imagens do biarticulado ao vivo e pensou: *"perfeito!* Está saindo exatamente como planejamos, por enquanto as autoridades só conseguiram informações distorcidas e ninguém ainda conseguiu encontrar explicação lógica para o que está acontecendo. Sabem apenas que o sul do Brasil encontrasse em risco. Em grande risco".

CAPÍTULO 68

12h – a.m.

Quando o biarticulado parou na primeira estação após o Terminal do Capão Raso, a mulher que estava sangrando no chão demonstrou os primeiros sinais de vida, mas para sorte dela, Jimmy e Gruguer já haviam decidido que ela sairia do ônibus.

A parada foi rápida, como ele já havia observado várias vezes outros motoristas parando o ônibus nas plataformas sabia que tinha que respeitar a faixa amarela pintada no asfalto. Era o ponto de referência para que as portas se ajustassem às plataformas. Parou um pouco fora, viu que não seria possível abrir as portas e então acelerou mais um pouco. Uma luz acendeu no painel, indicando que estava tudo ok, ele então apertou o botão número 4, referente a porta que queria que abrisse.

Como já haviam advertidos para que ninguém se levantasse enquanto o ônibus estivesse parado todos obedeceram. Gruguer avistou um homem forte que estava sentado em um banco próximo, e mandou que ele saísse do ônibus com ela nos braços. O homem rapidamente obedeceu, na sequência a porta fechou-se e o veículo voltou a circular.

A ação foi tão rápida e tão inesperada, que os policiais não tiveram tempo nem de pensar. As câmeras dos helicópteros registraram tudo. Buber, na Alemanha, tomou mais um gole de seu champanhe, observando atentamente tudo.

Enquanto o agente Maia interrogava Dalva no distrito, A polícia federal recebia a confirmação da NASA de que seis ogivas nucleares haviam desaparecido e que o cientista envolvido no projeto estava morto.

Maia encontrava-se atônito, Adam aturdido, e os outros todos perplexos. De repente, mais de uma centena de policiais altamente treinados e com anos a fio de profissão e experiência, viram-se encurralados, sem poderem agir, sem poderem parar o ônibus. O presidente do Brasil nunca se vira em uma situação similar, também nunca imaginara que um dia algo desse porte e tão extraordinário pudesse acontecer no país. Enquanto carros com explosivos e homens-bombas eram usados em atos terroristas por lunáticos que achavam justo reivindicarem seus direitos dessa maneira, acabando com outras vidas, no Brasil, esse grupo insano queria acabar com uma cidade inteira.

Ele estava em uma das salas do Palácio do Planalto em Brasília, a 1.388 quilômetros de distância do biarticulado, estudando um mapa da região sul de Curitiba. Dentro da sala, encontravam-se mais cinco homens em torno de uma grande mesa oval de mogno, toda envernizada. Havia a imensa televisão embutida em uma das paredes. O presidente explicou aos homens:

— Não podemos parar o ônibus agora. Aqueles homens não estão blefando, estão realmente de posse das ogivas que misteriosamente não explodiram no espaço. Apesar da missão G-7 ter sido considerada uma missão altamente secreta, de total segurança, sabemos que falhou. O FBI e as inteligências de meia dúzia de países estão empenhados na procura dessas ogivas há quase um mês. O cientista que desapareceu era um dos responsáveis pela missão, e a filha dele, de apenas seis anos, também está desaparecida. O FBI e a CIA acreditam em sequestro seguido de morte, pois devem ter forçado o cientista a entregar as ogivas para salvar a vida da filha. — o presidente começou a andar em círculos, contornando a mesa — Porém, o que mais intriga a NASA, é que se isso realmente aconteceu, o cientista deve ter projetado um protótipo falso das ogivas, porque o lançamento das ogivas para o espaço realmente aconteceu, mas nenhum satélite detectou a explosão. — parou e fitou cada um dos homens — Se elas estiverem naquele ônibus, não vão querer o dinheiro. — apontou para o mapa — Não haveria saída, não teriam como gastá-lo. — sentou-se, seguido por um longo momento de silêncio, quebrado por ele mesmo — Eles pretendem riscar a cidade de Curitiba do mapa.

— Meu Deus! — exclamou Dionisio, um de seus assessores.

— É o Armagedom! — proclamou Robson, posicionado à direita do presidente.

— São loucos! Precisamos saber o motivo. — Cleitom encontrava-se à esquerda.

Marco Antônio não disse uma palavra. No meio de tudo, pensou em sua mãe, que morava no centro da cidade.

Martins, o quinto homem, era frio e calculista:

— O que mais me preocupa, senhor presidente, é que estamos com a corda no pescoço, fomos pegos de surpresa e todo nosso poder bélico não soluciona nosso problema.

Alguém aumentou o volume da televisão, o plantão jornalístico informava:

... O biarticulado continua em movimento. Como podem ver nas imagens dois passageiros acabaram de desembarcar na rápida parada que fizeram em uma das estações. Uma mulher, que está gravemente ferida na cabeça, foi encaminhada para o Hospital do Trabalhador. A polícia identificou-a como Rosângela Borges, o segundo passageiro não teve a identidade revelada, mas sabemos que ele foi autorizado a sair apenas para ajudar a passageira que estava ferida. O trânsito continua congestionado em todos os cruzamentos que se obliquam com a linha do Circular Sul. A polícia pede que as pessoas que têm familiares ou amigos dentro do ônibus não entrem em pânico. A orientação é que não deixem suas casas e não permaneçam aglomeradas ao longo da pista, evitando assim, tumultuar o trabalho dos policiais, que estão nesse exato momento coordenando as negociações com os sequestradores. A polícia não confirmou a hipótese de uma bomba nuclear estar em posse dos meliantes, mas também não descartou. Vejam agora as imagens exclusivas do ônibus.

O volume foi diminuído.

— Temos que calar a imprensa! — ressaltou Dionisio — E proibir o voo dos helicópteros que estão fazendo as filmagens.

Martins levantou-se:

— Precisamos de alguém apto para entrar naquele ônibus e desativar as ogivas. E precisamos encontrar esse alguém agora.

Uma moça entrou na sala e avisou:

— O presidente dos Estados Unidos está na linha um, e tem urgência em lhe falar.

O presidente do Brasil suspirou e apertou a tecla um.

CAPÍTULO 69

12h30 – a.m.

Fabiano dos Santos não tinha corpo de atleta, não era muito alto e não passava a imagem de pessoa má, mas Fabiano não era o que aparentava ser. Estava na casa dos 30 anos e, além de estar sendo procurado pela polícia, possuía um longo currículo nas delegacias das cidades de vários estados. Era procurado por assassinato, roubo seguido de morte, sequestros relâmpagos, assaltos a bancos e por estar foragido da penitenciária de Santa Catarina. Só estava naquele ônibus, porque recebera um telefonema ainda cedo do homem que o havia resgatado da penitenciária há alguns dias. O homem avisou:

— Deve estar aqui ao meio-dia. Está na hora de pagar pelo resgate.

Fabiano sabia que se não comparecesse, seria um homem morto. Batista, mais conhecido como Ba, era o Al Capone da era atual. Era um homem que não se negava a prestar favores, desde que os pagamentos fossem feitos exatamente no prazo combinado. Não perdoava caloteiros, nem mesmo por ninharias, e Fabiano sabia que estava devendo.

— Estarei aí — respondeu a Batista.

Fabiano encontrava-se sentado próximo aos policiais que estavam algemados e que não haviam dito uma só palavra. Estava desarmado, porque sabia que frequentemente a polícia realizava gerais nos terminais e até mesmo dentro dos ônibus, além de tudo não adiantava ir ao encontro de Ba armado, pois passaria por vários seguranças antes de vê-lo. Fabiano queria sair dali, tinha ouvido Gruguer falando no segundo telefonema feito à Rede Globo: "Temos uma bomba nuclear, cada um de nós tem um detonador...". Ciente da gravidade do problema, imaginou mentalmente uma ação, e subitamente a realizou.

Sturt passou em sua frente, concentrado na maneira com que Jimmy conduzia o grande expresso, a mini metralhadora estava apontada para cima e a pistola alemã na cintura, com o cabo para fora. O que Fabiano julgava ser um dos detonadores, estava no bolso interno, do lado direito. Nesse momento, Sturt foi parar no chão.

Fabiano, num gesto rápido e audacioso, saltou por trás de Sturt sacando a pistola de sua cintura e, em questão de instantes disparou quatro tiros na cabeça do sequestrador, enquanto gritava:

— Morra, desgraçado! Todos vocês! — e apontou a arma para Verônica.

Gruguer aproximou-se rapidamente por trás de Fabiano, e mais de 50 balas de metralhadora alojaram-se no corpo do rapaz. Foi o fim de Fabiano, e também o fim de Sturt.

Tudo o que os conseguiram extrair de Dalva foi a confirmação de que realmente os sequestradores eram estrangeiros. A garçonete esclareceu que provavelmente eram americanos, e que estavam muito bem-vestidos. Dalva, porém, não soube dizer de onde vinham, e tão pouco o motivo de o grupo estar disposto a cometer suicídio;

Foi um erro gravíssimo não terem investigado o primeiro telefonema feito por Dalva. Se tivessem valorizado aquela denúncia, talvez nada daquilo estivesse acontecendo, mas agora não era hora para lamentações. Maia tinha que impedir aqueles homens. Mas como?

O presidente americano entendeu-se com o presidente brasileiro.

— Realmente houve falha na missão G-7. Estamos investigando rigorosamente a morte do cientista e de sua filha. Já temos algumas pistas. — o chefe da nação americana fez uma pausa — Acho que já sabemos quem são os terroristas. Mandaremos relatórios de dez em dez minutos, mas vou ser franco, a CIA e o FBI receiam que as ogivas realmente estejam em poder dos sequestradores.

— O presidente brasileiro desabafou:

Precisamos de toda ajuda que o senhor poder nos dar. Precisamos salvar essa cidade.

— Faremos tudo que estiver ao nosso alcance, estamos a par da gravidade do problema, e estamos trabalhando na identificação dos responsáveis pelo roubo das ogivas. Em breve, recebendo os relatórios, estarão cientes de todos os detalhes. Trata-se de algo inédito, e terão que agir com cautela. Telefonarei assim que tiver novas informações.

E desligou.

Se o clima dentro do ônibus já estava tenso antes, agora havia piorado. Os sequestradores estavam furiosos e por pouco não detonaram as ogivas. Não contavam com nenhuma perda, mas Sturt estava caído no chão, cravado de balas junto ao corpo de Fabiano. Muitas das balas que o atingiu partiu da metralhadora do próprio irmão, que agiu por intuição. Kirsei e Brennt olhavam indignados. Jimmy acelerou ainda mais o veículo.

CAPÍTULO 70

13:h – a.m.

As linhas telefônicas congestionaram-se rapidamente. Pessoas de todos os estados e de outros países ligavam para Curitiba a todo instante à procura de informações. Muitos não conseguiam acreditar nas notícias frias e assustadoras que ouviam pela televisão. Dentro da cidade, as pessoas que haviam saído de casa e estavam presas no trânsito, ligavam para suas casas, tentando avisar que não estavam dentro daquele ônibus. Os ramais de todas as delegacias estavam ocupados e as autoridades previam o pior. Maia, com a mente em turbilhão, falou aos outros agentes:

— O presidente acaba de ligar. A ordem para não parar o ônibus continua. — depois de respirar fundo, prosseguiu — Temos que encontrar uma forma de entrar naquele expresso ou não veremos o sol nascer amanhã.

Agora eram cinco terroristas, mesmo assim, o ônibus continuava dominado, e todo o exército de homens da lei que Curitiba possuía não podia fazer nada. Já haviam completado seis voltas na extensão do percurso, e já estavam há três horas no interior do veículo, causando pânico e terror em toda a cidade. Os sistemas de transporte de todas as linhas da região sul foram interditados, e a polícia estava fazendo o possível para tentar controlar todos os cruzamentos da pista. Mais de 80 países estavam assistindo ao vivo o andamento do sequestro. Buber, na Alemanha, tomou mais um gole de seu champanhe, achando-o delicioso.

Segundo as informações da imprensa, seriam mais de 50 mil as pessoas aglomeradas em volta da canaleta em que o expresso biarticulado estava circulando. Todos queriam ver o ônibus com os próprios olhos: a cena ficaria gravada para sempre em suas mentes. Muitos desconheciam a existência das ogivas nucleares, mas tinham ciência da gravidade da situação.

Nas residências em que alguém havia saído de casa para usar o coletivo, o clima era de total desespero. Os familiares não tinham o que fazer, tentavam se informar pelo telefone, mas com as linhas congestionadas, era preciso muita sorte para conseguir completar a ligação. Dentro do ônibus, todos os passageiros foram obrigados a entregarem os celulares, o que tornava impossível qualquer comunicação com quem estivesse fora do ônibus.

Dentro de uma residência localizada no Bairro do Portão, um homem aflito assistia a televisão. Era alto, tinha 30 anos e era moreno. Sua esposa havia saído com a filha de quatro anos para ir à Rua da Cidadania, localizada dentro do Terminal do Carmo, para pagar algumas contas. No momento em que ela saía, ele disse:

— Volte logo, querida! Quero levá-las ao centro, vamos almoçar fora. Tem certeza de que não quer deixar a Francini?

— Ah, não! Ela quer passear. — olhou para a filha — Não é mesmo, querida? Além disso, vou pegar o Circular Sul, é mais rápido. Devo estar de volta em menos de uma hora.

E ele disse:

— Fico esperando, cuide-se. Eu te amo! — e beijou-a.

Ela havia saído às 9h30, e como já passavam das 13h, teve certeza de que a mulher e a filha estavam dentro daquele ônibus. Levantou-se pensando: *Tenho que parar esse ônibus!* Foi até o guarda-roupa e retirou de uma caixa uma pistola 765. Abriu a gaveta, pegando alguns pentes para municiar sua arma, vestiu uma jaqueta de couro, e saiu. Seu nome era César.

Odair Pacheco, o policial civil que estava no fundo do ônibus, acompanhou toda a ação, só não reagiu no momento em que Fabiano pulou em Sturt por estar longe demais. Marcelo, portador do vírus HIV, estava mais próximo, mas percebeu Gruguer vindo logo atrás, pronto para atirar. Se Marcelo tivesse agido por instinto, provavelmente estaria morto como Sturt e Fabiano, e, num relance de pensamento, decidiu que esperaria um momento mais oportuno para colocar em prática o que tinha em mente. Um sexto sentido estava lhe advertindo que ele podia ser a pessoa que salvaria aquela cidade.

Francini encontrava-se no colo da mãe e era inteligente o suficiente para compreender o que estava acontecendo. Sua mãe apertou-a nos braços aconchegantes, e disse:

— Fique calma, querida! Logo estaremos em casa.

Mas ela sabia que não seria bem assim.

A outra criança que se encontrava dentro do biarticulado era um pouco mais velha. Tinha quase oito anos e todas as vezes que Verônica a olhava, lembrava-se de Ketlem. A menina tinha as mesmas feições, e estava amedrontada com a cena de morte que viu acontecer bem pertinho de seus olhos.

— Não olhe, minha filha. — pediu o pai da garota, um homem de meia-idade — Fique bem quietinha e nada nos acontecerá.

A menina também percebeu que o pai queria apenas consolá-la, pois sentia a morte pairando no ar.

Tom Kirsei iniciou outra ligação.

Os relatórios recém-chegados dos Estados Unidos estavam agora nas mãos do agente Maia. Ele estava transmitindo as informações para mais de uma dúzia de agentes especiais que se encontravam no sétimo distrito policial.

— Não há dúvidas que as palavras contidas nesses papéis confirmam que as ogivas nucleares extraviadas da NASA são as que estão dentro daquele ônibus. Não importa de quem foi a falha, dos americanos ou nossa, que nunca nos preocupamos tanto com terrorismo. Talvez o fato de algo semelhante nunca ter acontecido antes sirva de lição para os países que se sentem imunes de tal perigo, mas de uma forma ou de outra, o que importa é que temos que deter aquele grupo agora, e sem preâmbulos.

Adam adiantou-se em dizer:

— O problema são os detonadores. O homem que saiu do expresso nos confirmou que os sequestradores estão em seis, e possuem seis detonadores, o que torna impossível efetuarmos uma ação de desmobilização de todos ao mesmo tempo, ainda mais com o ônibus em movimento. — suas feições demonstravam descontentamento — E sem contar que estão fortemente armados, como disse o motorista.

O agente Maia pensou em sua mulher e seu filho, que estava prestes a nascer. Tinha que haver uma maneira de impedir aquilo. Não podia deixar a história dos curitibanos ser interrompida por aqueles loucos suicidas; a vida dele não podia parar ali. Estava pensando nisso quando o telefone ligado com a sua linha particular tocou:

— Agente Maia! — disse ele, trazendo a mente de volta.

Um instante depois, ouviu a voz de Tom Kirsei.

— Vamos parar o ônibus às 16h. Já providenciaram o dinheiro?

O tom de seriedade na voz de Kirsei era assustador. O agente Maia tentou negociar com ele.

— O dinheiro já foi providenciado. Pode parar o ônibus agora mesmo. Aonde preferem parar?

Kirsei ficou furioso, imaginou logo que era mentira. Não se conseguia 50 milhões de dólares no Brasil em tão pouco tempo, mesmo assim, tentou esconder seu constrangimento:

— Eu diria que vocês vão ter que esperar. Temos ordens de parar o biarticulado às 16h, e antes disso temos um pronunciamento a fazer.

A conversa passou a ficar interessante.

— É mesmo? E de quem são essas ordens?

A ligação foi desfeita.

Maia colocou o fone no gancho, olhou em volta, e disse:

— O presidente estava certo. Eles não querem o dinheiro.

CAPÍTULO 71

13h10 – a.m.

A medida em que as notícias iam se espalhando pelo mundo, povos de todas as nacionalidades começaram a fazer orações pelas pessoas da cidade de Curitiba. Pessoas de outras nações, que nada tinham a ver com a cultura brasileira, estavam chocadas com o que estava acontecendo no Brasil. A imagem do biarticulado em movimento estava agora sendo transmitida ao vivo e em tempo real a mais de 100 países. Os homens responsáveis pelos governos mais poderosos do mundo sentiram-se comovidos. Todos queriam saber quem eram os terroristas e porque estavam fazendo aquilo, mas a verdade continuava oculta, causando um inevitável suspense.

Não era normal aquilo estar acontecendo. O Brasil sempre fora um país pacato e nunca se envolvera diretamente com nenhum tipo de conflito, sempre apoiando a diplomacia. Quem poderia estar envolvido em tamanho barbarismo? Os computadores da CIA nos Estados Unidos trabalhavam a todo vapor na tentativa de identificar os sequestradores suicidas que estavam dispostos a eliminar os habitantes de uma cidade inteira. O FBI e a ONI, o serviço secreto americano, também estavam empenhados na operação. Todos queriam salvar o Brasil e o nome de vários suspeitos já estavam sendo minuciosamente investigados. Mas para o agente Maia, pouco adiantava saber quem eram as pessoas que estavam sequestrando o ônibus. O importante para ele, era encontrar uma maneira de salvar a sua cidade, onde certamente o seu filho haveria de nascer.

CAPÍTULO 72

Berlim, Alemanha
13h15 – a.m.

Raquel Strobel Alambert ligou o televisor ao meio-dia, e ficou petrificada com o que viu e ouviu. O repórter da KSN estava falando...

Continua o drama na cidade de Curitiba, onde milhares de pessoas estão correndo perigo de morte". O repórter saiu de cena. *"Vocês estão vendo agora imagens ao vivo do ônibus que está transportando ogivas nucleares. O veículo está mantendo a velocidade aproximada de 60 quilômetros por hora, não está parando em nenhum sinal de trânsito e antes de conseguirem bloquear os cruzamentos causou dezenas de acidentes. Como podem ver, parece que há uma verdadeira guerra na zona sul da cidade, que se encontra nesse exato momento sitiada pela polícia. Em todas as ruas e avenidas há viaturas e homens fardados prontos para atirar. Helicópteros da polícia federal e da imprensa continuam sobrevoando a área. O clima é tenso, e segundo as últimas informações, os sequestradores pretendem parar o veículo às 16h. Estão pedindo 50 milhões de dólares, mas a polícia acredita que a intenção do grupo é realmente usar a arma nuclear e que talvez se trate de algum tipo de vingança. Segundo informações vindas diretamente de dentro do expresso, e transmitidas pelos próprios sequestradores, eles estão de posse de seis ogivas nucleares.* A imagem do repórter voltou à tela. *"Não se sabe o que realmente pode acontecer".*

"Também não se sabe quem são os sequestradores e tampouco o motivo de terem escolhido a América do Sul para detonarem uma bomba atômica. Os Estados Unidos estão prestando total apoio nas investigações, que deverão levar à identificação do grupo suicida, como estão sendo chamados pelo mundo todo".

Depois de ouvir o noticiário, Raquel telefonou para a sede da Alambert. Queria falar com Buber, mas tinha certeza de que não o encontraria. A secretária atendeu:

— O senhor Buber não se encontra. Avisou que ficaria fora o dia todo, mas não especificou onde estaria. Creio que esteja em alguma reunião fora da sede, senhora Raquel.

Em seguida, ela tentou falar com Elizabete, mas não conseguiu. Ligou para Jimmy, mas o telefone encontrava-se desligado. Estava com uma forte intuição de que o seu marido estava de certa forma envolvido com aquilo tudo, mas tentou tirar esses pensamentos da cabeça.

Restava apenas continuar assistindo à tragédia.

CAPÍTULO 73

Berlim, Alemanha
13h20 – a.m.

Elizabete estava caminhando pelas ruas de Berlim. Como Jimmy estava na França, resolveu sair para fazer compras e se distrair. Saíra de casa às 11h, e como morava em uma área central, havia deixado o carro em casa. Já tinha visitado dois shoppings, e também passado em um restaurante; quando estava retornando para casa, parou em frente a uma loja de eletrodomésticos, não para comprar aparelhos eletrônicos, mas para se certificar de que o estava vendo e ouvindo era realmente real. Ficou por muito tempo parada ali, observando através do vidro, como se nunca tivesse visto algo igual.

Elizabete olhava fixamente para mais de uma dúzia de televisores de várias polegadas e diferentes marcas. Todos transmitindo a mesma notícia.

"É impressionante, senhoras e senhores. Está confirmada a presença de seis ogivas nucleares dentro daquele ônibus e tudo indica que as autoridades locais não estão conseguindo êxito na tentativa de impedir a ação dos sequestradores. A população se encontra em situação dificílima, estão nas mãos de seis suicidas, que planejam explodir o material atômico que pode causar a morte de toda ou quase toda população da cidade às 16h. A polícia do Brasil sabe que o grupo é formado por estrangeiros, mas ainda tem dúvidas quanto a sua nacionalidade e os motivos que os levam a aterrorizar uma cidade brasileira".

Depois de ver as imagens do grande biarticulado por mais alguns momentos, Elizabete pensou em pegar o celular, mas lembrou-se que havia deixado em casa. Apressou-se. Queria voltar logo, porque já imaginava quem eram os culpados.

CAPÍTULO 74

Curitiba, Brasil
13h25 –a.m.

O clima dentro do ônibus ficou muito mais tenso do que já estava após as 13h, os sequestradores não pretendiam parar o ônibus novamente e isso significava que os corpos de Sturt e de Fabiano continuariam ali mesmo. Era crucial para qualquer ser humano estar dentro daquele veículo presenciando aquelas cenas mórbidas, com cadáveres ao lado e muito próximos de se tornarem um deles também. As cenas insinuavam o prelúdio do que ia acontecer a todos no final do sequestro, e a cada minuto que se passava, o nervosismo aumentava ainda mais.

A visão que Jimmy tinha ao alcance de seus olhos se resumia à imensa pista rodeada de carros da polícia. Os acidentes haviam praticamente cessado, mas ouvia-se no interior do ônibus o barulho constante dos helicópteros e sirenes de alerta da polícia em geral. Como os vidros estavam todos camuflados, os passageiros nada podiam ver. Como se estivessem isolados do mundo e a caminho da morte.

Todos pensavam em encontrar uma maneira de se libertar, de poder sair do ônibus, mas logo concluíam que nada podiam fazer além de aguardar os ponteiros de seus relógios atingirem as 16h hora.

Na verdade, estavam esperando por um milagre, tendo em vista que as autoridades pouco poderiam fazer.

Enquanto Jimmy dirigia, pensava no pai, na mulher e em tudo o que estava deixando para trás. Pensava na empresa e lembrava também de sua mãe. Ela jamais o perdoaria pelo que estavam fazendo, e isso era na realidade o que mais o incomodava. Amava sua mãe mulher, e para ele o perdão dela era tão importante como o perdão da mãe. Não queria morrer e deixar elas pensando que ele e o pai eram assassinos. Havia um motivo, mas ele sabia que elas não conseguiriam entender.

CAPÍTULO 75

13h27 – a.m.

Alex estava sentado com o televisor bem a sua frente na sala da pequena casa de alvenaria de um dos bairros mais perigosos da cidade. Na mesinha de centro, entre o televisor e o sofá, descansava um prato com algumas carreiras de pó e um revólver calibre 32 ao lado. As notícias que estavam sendo captadas por seu cérebro se misturavam com a paranoia da alucinação que aos poucos ia dominando a sua mente.

Sua mulher não estava em casa, mas ele tinha certeza de que ela não estava no interior daquele ônibus, porque deveria estar na fábrica de produtos alimentícios, onde trabalhava durante o dia todo.

Não sabia exatamente o porquê, mas no momento em que viu no que a cidade se transformou com aquele sequestro maluco lembrou-se de Tom Kirsei.

Ouviu o repórter dizer que se tratava de um grupo de estrangeiros, e que a ação terrorista fora muito bem planejada. Com os olhos arregalados, parecendo lanternas, ele pensou: "deve haver alguma ligação..."

Enquanto isso os célebres homens da inteligência da polícia federal estavam travando uma árdua batalha contra o tempo, concentrados no objetivo de descobrirem uma solução aceitável para contornar aquela sinistra situação. Mas parecia ser uma missão impossível; era cada vez mais difícil alguém acreditar que conseguiriam tirar aquelas ogivas intactas de dentro daquele ônibus, e concluíram que a essa altura, restava apenas contarem com um milagre de Deus.

Pessoas de todas as religiões estavam abismadas com a ousadia daqueles homens. Usar um ônibus expresso biarticulado e uma arma nuclear para assustar e amedrontar os habitantes de uma cidade inteira. Para muitos estava difícil aceitar a realidade de que havia produto nuclear o suficiente em poder daqueles sequestradores para causar a maior catástrofe do Brasil.

CAPÍTULO 76

13h30 – a.m.

César parou, armado, louco e furioso no meio do asfalto. Estava esperando o expresso biarticulado passar; havia barulho de helicópteros, de sirenes, e o murmúrio da multidão, mas César não estava atento a isso, não ouvia e não via nada do que se passava a sua volta. A sua mente estava concentrada no ônibus, pensava apenas em sua filha e em sua mulher. *Eu vou salvá-las,*

Foi a voz de um policial que o trouxe de volta à realidade:

— Está ficando maluco?! O ônibus já está vindo!

As estranhas expressões que surgiram na face daquele desconhecido obrigaram o policial a colocar a mão no coldre e lhe dar uma ordem:

— Saia já do asfalto! Temos ordens para evacuar toda a pista.

O desconhecido continuou imóvel.

— Não vai querer causar problemas, vai? — o policial sacou a arma.

Usando a lógica, e pensando novamente em sua família, César afastou-se calmamente e perguntou:

— Como vão parar o expresso? Já existe algum plano?

O policial colocou a arma novamente no coldre e respondeu.

— Por enquanto estamos aguardando instruções. Não há como fazer esses homens se entregarem de imediato. Tudo indica que estão de posse de uma arma nuclear.

César não tinha a menor ideia de como ia entrar naquele ônibus. Mas tinha certeza de que ia conseguir

O terror tornou-se dominador. Podia ser apalpado no ar, nas palavras e nas ações dos sequestradores: com o decorrer do tempo, aumentava ainda mais o nervosismo e o pânico no interior do expresso. Jimmy excedeu a velocidade do biarticulado só diminuindo em curvas ou quando muito necessário. Desejava manter o veículo a essa velocidade até o ponteiro de seu relógio estar marcando 16h. A hora determinada para a explosão das ogivas.

CAPÍTULO 77

Brasília, capital do Brasil
13h40 – a.m.

O presidente brasileiro sentou-se próximo ao telefone para falar com o agente Maia. Não tivera tempo e nem disposição para almoçar; todos a sua volta estavam na mesma situação e cada vez mais tudo parecia convergir para o pior. O silêncio dos sequestradores com a polícia e com a imprensa deixava clara a confirmação de que eles não queriam os 50 milhões de dólares, e sim detonar as ogivas. O presidente odiava a ideia de ter que admitir que aqueles homens tinham conseguido mobilizar uma cidade inteira e centenas de homens altamente capacitados. Eles estavam prestes a mudar a história da cidade de Curitiba.

— Estamos seguindo as suas ordens, senhor presidente, mas a situação está ficando terrivelmente crítica por aqui. As pessoas começaram a abandonar a cidade e as saídas já estão todas congestionadas. Precisamos parar aquele ônibus.

— Já sabemos de que país são os terroristas, senhor Maia, segundo a CIA, fortes indícios levam a acreditarem que são da Alemanha, e que o seu líder deve estar nesse exato momento comandando o grupo por telefone. — o presidente fez uma pausa — Não há dúvidas de que estão mesmo de posse das ogivas, e posso dizer que o futuro dessa operação está em nossas mãos. Nós é que temos que decidir se paramos o expresso ou não.

Essas últimas palavras ecoaram na mente de Maia, que percebeu o tamanho da responsabilidade por qualquer decisão que fosse tomada. Pensando no imenso número de vidas que estavam dependendo de sua atitude, ele respondeu:

— Não podemos parar o expresso, senhor presidente. Há muitas vidas em risco.

O presidente colocou-se na posição de Maia e compreendeu que ambos estavam sem saída:

— Estamos nesse momento estudando uma alternativa para o problema, senhor Maia. Sugiro que continue aguardando novas instruções.

Tenho certeza de que conseguiremos sair dessa enrascada, agora preciso falar com o governador.

Quando o expresso passou novamente pelo Terminal do Portão, já havia passado por César, e passou tão rápido que ele então entendeu o quanto era pequeno diante daquela situação. Sua mulher e sua filha estavam lá dentro. Pôde vê-las mentalmente e pôde sentir o que elas sentiam, como se elas estivessem lhe pedindo ajuda. Um socorro que ele não podia oferecer, porque sua pistola e seus carregadores eram insignificantes diante da frota de homens fardados ao seu lado. Eles possuíam fuzis com mira telescópica, metralhadoras e helicópteros, e, ainda assim, estavam sem poderem fazer nada. Como ele salvaria sua mulher e a sua filha?

CAPÍTULO 78

Nova Iorque
2h – a.m.

Aírton Félix sabia exatamente e com certeza quem estava dentro daquele ônibus e também o motivo daquela intenção suicida, daquela ação mórbida de destruição.

Aírton segurava um crucifixo na mão e rezava para que Deus perdoasse Verônica e Brennt pelo gesto insano que ambos estavam cometendo. Sentia-se culpado por não ter conseguido ao longo dos anos fazerem com que desistissem daquela ideia de vingança. Lembrava-se dos conselhos que dava a Eduardo e também para eles. Pedia para que não ficassem relendo as cartas de Sheila Guiold, que esquecessem o passado e vivessem a vida sem rancor. Mas tudo o que fizera havia falhado. Viu o pai deles partir para o Brasil, quando ainda não tinha completado 20 anos, alegrou-se junto com Clara Mendes quando souberam de seu casamento e com a notícia do nascimento de seus filhos. Das promessas de retornar aos Estados Unidos com a família. Promessa paga tarde demais, quando Juliana e Clara Mendes já não podiam mais se conhecer. Tarde demais também para Félix, que sempre desejou conhecê-la. Nos retratos, Juliana era bela como Verônica e talvez nada daquilo estivesse acontecendo se ela ainda estivesse viva. Se ela não tivesse sido morta no Brasil. Lembrou-se com muita tristeza do falecimento de Eduardo, dando-se conta que teria duas crianças para cuidar e prepará-las para o mundo: agora elas estavam dentro daquele ônibus, fazendo aquelas barbaridades.

Félix continuou rezando, tentando afastar o sentimento de culpa que o invadia.

Será que tudo era mesmo obra do destino? Como eles haviam se encontrado com os descendentes da lista? Eram perguntas sem respostas para Félix,

Levantou os olhos, avistando o telefone no outro canto da sala. Se o utilizasse, poderia esclarecer tudo sobre aquele sequestro. Decidiu dirigir-se até o aparelho, colocou o crucifixo no bolso e ficou pensando por um longo tempo.

Em seguida discou para o FBI

CAPÍTULO 79

Curitiba, Brasil
14h10 – a.m.

    O governador do Paraná, Baltazar Henrique, comentou com o presidente que estava tão preocupado em resolver o problema quanto o agente Maia e todo o restante das autoridades, mas, na verdade, Baltazar já havia fretado um helicóptero e estava apenas esperando o momento certo para deixar a cidade com sua família. Acreditava que de uma forma ou de outra os sequestradores acabariam por detonar aquelas ogivas e não queria estar na estatística das vítimas fatais.

    Um piloto estava aguardando suas ordens. No momento em que Baltazar desse o sinal, ele pousaria a aeronave no terreno de sua casa e os acolheria. Sua mulher e seus dois filhos estavam prontos, aguardando a hora da fuga. Foi a única maneira que ele encontrou para garantir sua sobrevivência diante da tragédia iminente que estava prestes a se desencadear.

    Assim como ele, muitas outras pessoas queriam se evacuar da cidade, mas para cidadãos comuns não era tão fácil assim. Todas as saídas estavam congestionadas, e como Curitiba possuía apenas uma pequena frota de helicópteros destinada ao aluguel, já não restava mais nenhum aparelho disponível. Todos já estavam reservados ou já haviam deixado a cidade, exceto o do governador, que aguardava em local seguro sua chamada.

    Para quem não tinha como deixar a cidade restava apenas rezar e acompanhar o andamento do sequestro.

    No ônibus, o policial civil Pacheco analisava atentamente todos os movimentos dos sequestradores, inclusive as reações espontâneas dos membros do grupo relacionadas a determinados acontecimentos. Houve o momento em que um jovem, totalmente dominado pelo medo, agarrou-se à alavanca de uma das quatro janelas de emergência e ameaçou abri-la caso não parassem o veículo. Imediatamente teve três das metralhadoras apontadas para a sua cabeça. Desistiu da façanha, acabando com uma pancada no estômago: em outro momento, uma moça desesperada jogou-se ao chão, e de joelhos, implorou que eles desistissem e se entregassem, em resposta, quase levou um tiro. Pacheco observava tudo, procurando uma maneira de detê-los. Estava armado, mas ainda assim nada podia fazer.

CAPÍTULO 80

Estado de Santa Catarina, Brasil
14h20 – a.m.

— Está tudo ok, comandante Shelton, o satélite já está posicionado. Só estamos aguardando a ordem. — o sargento Marlon olhou para o comandante acrescentando: — Os mísseis AK são os mais precisos da Força Aérea Brasileira, e assim que um deles for disparado, levará menos de dez minutos para atingir o alvo.

Eles estavam na base de comando da Força Aérea localizado secretamente no estado de Santa Catarina, a quase 200 quilômetros do expresso que estava circulando na tela do computador do sargento Marlon. Além do comandante e do sargento, mais cinco pessoas estavam na sala, todas monitorando o espaço aéreo por um grande telão posicionado em uma das paredes.

O comandante era um homem de 50 e poucos anos, alto, de rosto rígido e olhos negros. Como estava há mais de 20 anos exercendo o comando, era um dos homens encarregado de acionar os botões que poderia defender o país ou até mesmo provocar a 3ª Guerra Mundial.

Pouquíssimas pessoas sabiam da existem daquela base, era dali que eles podiam controlar mais de meia dúzia de satélites, disparar bombas atômicas, mísseis AK-S1, e mísseis CS-4 de longo alcance, capazes de destruir quilômetros apenas com o impacto da explosão.

Para o disparo de um míssil CS, era necessária a autorização do presidente da república e também a introdução de duas chaves em um compartimento eletrônico, e, após girá-las, havia uma senha a ser digitada, que frequentemente sofria alterações. O comandante Shelton era o homem que possuía uma das chaves. Olhou atentamente o pequeno objeto movendo-se na tela do monitor, e perguntou apenas para tirar uma dúvida:

— Será que existe alguma possibilidade de um míssil AK errar o alvo?

Marlon estudou-o por um momento, antes de responder:

— Os mísseis são guiados pelo sistema de mira via satélite e são os mais eficazes da atualidade, ainda assim corremos o risco de haver algum pequeno erro, pelo fato de o alvo estar em movimento.

O comandante Shelton olhou-o firmemente, com as feições conturbadas pela preocupação. Um dos controladores interveio.

— A chance existe, mas é mínima, cerca de um por cento.

Um outro perguntou?

— Será que tem alguma coisa a ver com o fim do mundo? — disse um outro — Li em alguma revista que Nostradamus previu que o mundo inteiro acabaria antes de entrarmos no ano 2000. — pensou por um momento e continuou: — Mas não li nada sobre nenhum sequestro.

O controlador parou de falar, e observando a todos, percebeu que não era hora de fazer brincadeiras.

O comandante recomeçou a falar:

— A qualquer momento o presidente deverá ligar, autorizando o lançamento, e quero que tudo esteja meticulosamente preparado, se isso chegar a acontecer

Ele parou por um momento, depois continuou.

— Apesar de tudo, desejo que isso não aconteça

CAPÍTULO 81

Brasília, Brasil
14h30 – a.m.

No Palácio do Planalto a aflição estava abalando o sistema nervoso do presidente e compartilhavam dessa agonia os assessores e o governador daquele estado. Um agente federal encontrava-se presente, seu nome era Nicolas, homem baixo e calvo. Com cautela e muita precaução, explicou ao presidente:

— A sua ideia não é nada ruim, senhor presidente. O único fator imprevisível é o estrondoso barulho que um míssil AK pode emitir. Como sabe, eles possuem turbinas supersônicas, e se aqueles sequestradores forem bastante espertos, poderão perceber o eco do som e detonarem as ogivas instantes antes do míssil atingir o alvo. Sei que há muitos helicópteros sobrevoando a área, mas não podemos descartar essa possibilidade.

O presidente examinou-o atentamente. Aquele homem acabava de colocar areia na melhor de suas ideias, e ele não tinha nenhuma outra melhor.

— Acho que vamos ter que correr o risco. Aqueles homens estão decididos a explodir aquelas ogivas, e talvez essa seja a única maneira de impedi-los.

— Estou com o senhor. — disse Dionísio, um dos assessores — Até que alguém nos ilumine com uma ideia mais clara.

Martins, o homem frio e calculista, sugeriu:

— Acho que devemos esperar mais um pouco. Temos até as 16h dessa longa tarde.... Quem sabe a ABIN[5] consiga mudar a sequência dos fatos?

— Precisamos é de um milagre! — afirmou o governador.

Nesse momento, um dos secretários do presidente adentrou a sala.

— Senhor presidente, — informou ele — temos um telefonema do superintendente da polícia da Alemanha. Parece que já sabem quem está por trás do sequestro

O presidente levantou-se, surpreso:

— Transfiram a ligação para cá. Imediatamente!

---

[5] Agência Brasileira de Inteligência.

CAPÍTULO 82

Berlim, Alemanha
15h – a.m.

Quando uma das secretárias da Alambert e Cia LTDA saiu para tomar um pouco de ar fresco em frente à sede da companhia, percebeu que duas Mercedes inteiramente pretas e com vidros escuros se aproximavam. Por um momento ela teve uma lembrança. Já tinha visto carros daquele tipo parando em locais a esmo, e executando pessoas em ruas pouco movimentadas. Os boatos que ouviu a respeito se baseavam em queima de arquivo. A moça lembrou-se nitidamente de certa vez quando estava voltando para casa, já tarde da noite, e um carro daqueles passou por ela e virou a esquina. Em seguida ouviu uma brusca freada, e logo depois o som dos tiros. Ouviu o carro arrancar e pensou em correr, mas algo lhe fez ir até a esquina.

Viu dois corpos caídos no chão. Nunca mais esqueceu o fato. Nunca mais esqueceu os carros.

Agora, vendo os carros se aproximando da frente da companhia, pensou: "Desgraçados! Malditos assassinos! Devem estar indo matar alguém...". E, de repente, os dois carros pararam em frente aos grandes portões. Um homem saltou, olhando firme para ela. Seu coração gelou.

Eram da GESTAPO, a polícia secreta da Alemanha, criada ainda no tempo de Adolfo Hitler. Em menos de cinco minutos, eles estavam dentro da sede, falando com a recepcionista.

A secretária interveio:

— O senhor Buber não se encontra no momento. Receio que terão que voltar mais tarde.

Um dos homens puxou um papel do bolso.

— Temos um mandato de busca e apreensão, com ordem para interditar o local. A partir desse momento, ninguém entra e ninguém sai da companhia sem a nossa autorização. Fui bem claro

A secretária olhou para a recepcionista, incrédula.

Foi tudo muito rápido. Assim que o FBI recebeu o telefonema de Aírton Félix, um agente dirigiu-se imediatamente para a casa dele; vinte minutos depois de ter conversado com Félix, Saimom Smit já tinha solucionado os quebra-cabeças que estavam intrigando policiais e autoridades máximas de vários países.

Aírton Félix contou tudo, e o que mais indignou Saimom Smit, foi saber que parte da história coincidia com os relatórios que estavam sendo enviados ao Brasil. Até mesmo o nome de Buber já havia aparecido na lista de suspeitos elaborada pela CIA e teve que admitir que os americanos estavam trabalhando rápido e com eficiência. O que Félix declarou em seu depoimento encaixou-se perfeitamente no que já haviam investigado, mas quando ele revelou o motivo do sequestro, Smit quase não acreditou.

Em seguida, precisou apenas avisar a polícia alemã.

CAPÍTULO 83

Berlim, Alemanha
15h10 – a.m.

No mesmo momento em que a polícia interditou a sede da Alambert, Raquel Strobel ouviu a campainha tocar. Estava tão absorvida com as imagens do televisor, que não deu a mínima atenção. Queria ver e saber tudo o que estava acontecendo naquele ônibus. Já tinha feito mais de dez telefonemas sem conseguir localizar seu marido. Tentou falar com Jimmy, que pensava estar na França, mas também não conseguiu. Essas dificuldades na comunicação apenas confirmavam as suspeitas de que a tragédia inédita que estava ocorrendo no sul do Brasil tinha ligação com a promessa de vingança de Buber. Quando Elizabete lhe telefonou, apavorada, dizendo que também não estava conseguindo falar com Jimmy o desespero dela aumentou.

Quando se virou para o lado, Raquel deu-se conta que a empregada estava falando, e percebeu que um policial fardado a estava observando. Só conseguiu captar as últimas palavras da empregada:

— Eu disse que ele não podia ir entrando!

Era como se Raquel tivesse entrado em um transe profundo, e enquanto tentava voltar a si, mais dois policiais adentraram a sala. O televisor continuava ligado.

— Senhora Alambert? Precisamos falar com a senhora

Raquel olhou para eles e disse:

— Ele não está aqui!

Enquanto isso, Buber abria mais uma garrafa de champanhe, convicto de que nada poderia dar errado. Sentiu-se alegre e satisfeito como nunca e continuou ouvindo atentamente os noticiários que não paravam de ser transmitidos.

Enquanto colocava o líquido espumoso e delicioso na taça de cristal, sentiu um enorme orgulho de Jimmy e do restante do grupo. Estavam se saindo melhor do que ele próprio imaginara. Porém quando pensava em Raquel, seu coração e seus sentimentos entravam em confusa contradição.

Sentia pena dela. Amava-a e gostaria que ela estivesse ali, ao seu lado, aplaudindo-o, dizendo o quanto ele era magnifico e poderoso. Podia ouvir a voz da esposa: *"Eu sabia que você iria conseguir se vingar, meu querido! Não tinha dúvidas disso. Agora eu lhe amo ainda mais"*. Mas Buber sabia que, na realidade, ela jamais iria proferir aquelas palavras. Para continuar a sentir o seu êxito, tentou desviar os pensamentos dela; estava agora ingerindo a champanhe, tomando a vitória. E a cada gole, o ponteiro do relógio se aproximava mais da hora marcada. A hora do fim de sua vingança, e a hora também marcada para o fim de seu tempo no planeta Terra.

De repente seu irmão apareceu em seus pensamentos: *"Muito obrigado, Buber. Sabia que conseguiria vingar a minha morte. Eu faria o mesmo por você"*. Despertou com o som da campainha do seu telefone celular. Era a primeira vez que ele tocava desde que entrara ali. Era um telefone novo, comprado recentemente. Apenas Jimmy e Gruguer tinham o número. Ponderou antes de atender:

— Alô!

Imediatamente reconheceu a voz na outra ponta da linha.

— Pai? Está tudo bem aí?

Era a voz do filho. Parecia tranquilo. Ninguém podia imaginar o quanto Buber estava precisando ouvir aquela voz.

Buber olhou para o champanhe e para as imagens do televisor. A tragédia continuava no ar.

— E como não estaria, meu filho? Pelo que vejo daqui estão fazendo um excelente trabalho.

— Mas nem tudo saiu exatamente como planejamos, meu pai. Tivemos uma perda.

Buber bateu com a mão de ferro sobre a mesa. Podia ouvir o ronco do motor do biarticulado junto com a voz aguda de seu filho. Estava se perguntando como teria acontecido, quando Jimmy continuou a falar:

— Um sujeito maluco pulou em cima de Sturt e atirou nele. O próprio Gruguer eliminou o homem. — houve um momento de silêncio. Jimmy continuou — Fora isso, continuamos dominando a situação. Acho que vai dar tudo certo: eles não podem nos parar.

— É pena que Sturt tenha partido antes da hora, mas logo tudo estará acabado e vamos nos encontrar com ele.

— Sim, meu pai, fora isso está tudo saindo exatamente como planejamos.

— Diga ao grupo todo que estou orgulhoso. E não se esqueça que eu te amo. Sempre vou te amar.

— Obrigado, pai. Direi a eles. Eu também lhe amo.

E a ligação foi cortada.

CAPÍTULO 84

13h15 – a.m.

Logo depois que a sede da Alambert foi interditada, dezenas de policiais entraram na empresa. Alguns se dirigiram para aos computadores, outros vasculhavam as salas, na intenção de encontrarem Buber. Ninguém sabia informar ao certo o seu paradeiro, e não tinham ideia do que ele poderia ter feito. Os funcionários não podiam sequer supor que seu chefe estivesse envolvido com tudo o que estava acontecendo no Brasil e não entendiam o motivo de tanta confusão. A secretária acreditava que tudo era apenas um terrível engano. Na sua concepção, Buber não seria capaz de participar de qualquer atrocidade tão fora da lei a ponto de a polícia secreta precisar invadir a empresa.

O mesmo estava acontecendo na casa de Raquel. Vasculharam tudo, enquanto ela permanecia imóvel, sentada no sofá, com os olhos fixos no televisor, incapaz de admitir que seu marido e seu filho eram os responsáveis por aquela calamidade. Ainda estava alimentando um pingo de esperança de que eles não tivessem nada a ver com tudo aquilo, mas quando viu os policiais fardados em sua sala de estar, aquele pingo de esperança desapareceu. E foi nesse momento que Raquel então mergulhou ainda mais no plano irreal.

Não conseguia responder a nenhuma pergunta, e, apática, não dava a mínima atenção aos homens que reviravam a casa. Apenas assistia ao televisor...

Na sede do FBI, em Nova Iorque, Aírton Félix acabava de prestar o seu depoimento. Já havia revelado tudo, menos o local em que Buber poderia estar escondido. Isso ele não sabia.

No Brasil, mais precisamente em Santa Catarina, no reduto altamente secreto da base da Força Aérea, o comandante Shelton confidenciou ao sargento Marlom:

— O presidente acabou de ligar, e deu ordens para mantermos o alvo na mira e deixarmos tudo pronto porque a qualquer momento ele pode autorizar o disparo do míssil.

O sargento Marlom não respondeu, apenas elevou seu pensamento a Deus, numa prece muda, destinada aos passageiros do expresso.

CAPÍTULO 85

15h30 – a.m.

Jimmy olhou o relógio e o ponteiro marcava 15h30, significando que faltava apenas meia hora para a cidade de Curitiba ser marcada para sempre.

A maioria dos passageiros do biarticulado já tinha plena consciência de que a morte seria inevitável e que a cada minuto que se passava aproximavam-se ainda mais dela. Estavam presos àquele final, assim como estavam presos naquele ônibus. O policial Pacheco compreendeu que não tinha mais tempo, estava determinado a evitar aquela tragédia e pressentiu que aquele momento era único e que não surgiria outro igual nos próximos 30 minutos. Gruguer estava bem a sua frente, de costas, tinha acabado de fazer a última ligação para a Rede Globo, revelando a o motivo do sequestro para que fosse transmitido ao mundo inteiro. Havia falado sobre a extradição autorizada por Getúlio e sobre os campos de concentração, do sofrimento vivido pelos seus antecedentes. Haviam combinado fazer essa revelação pouco antes de explodirem as ogivas. Não podiam deixar o mundo inteiro enganado, deduzindo que a razão daquilo tudo fosse apenas dinheiro.

Como única alternativa de salvar a cidade e a sua própria vida, sacou a pistola de sua cintura e deu uma chave de braço no pescoço de Gruguer, empunhando a arma contra a cabeça dele e ao mesmo tempo se apossando da minimetralhadora. Agora era tudo ou nada.

No Palácio do Planalto, a tensão continuava. O presidente brasileiro quase teve um colapso ao descobrir que os verdadeiros motivos para aquela calamidade se baseavam em modo geral na deportação de estrangeiros vindos da Alemanha e autorizada por Getúlio Vargas, há mais de 50 anos. Ele não podia acreditar naquele absurdo pelo fato de ter sido na Alemanha que eles sofreram. Foi lá que Adolf Hitler torturou e queimou seus antepassados e, segundo seu ponto de vista, essa terrível ameaça deveria estar acontecendo em Berlim, ou em qualquer outra cidade da Alemanha, menos na capital do Paraná. Menos no Brasil. Estava prestes a telefonar novamente para a base de Santa Catarina, mas tinha consciência que para tomar aquela decisão, tinha que ter absoluta certeza de que era a melhor atitude a ser tomada.

— Muito bem, pessoal! Já que vamos todos morrer, vou matá-lo primeiro, a menos que larguem as armas e os detonadores das ogivas. — enquanto falava, Pacheco retirou a mini metralhadora que estava em uma das mãos de Grugrer. Seu modo de agir foi rápido e eficiente, deixando claro que se tratava de uma pessoa experiente — Vocês não vão querer que ele morra antes das 16h, não é mesmo?

Jimmy chegou a diminuir consideravelmente a velocidade do expresso e estava observando tudo pelo retrovisor interno, totalmente insatisfeito com o que estava acontecendo.

— Não vamos matar ninguém! — exclamou Verônica, em tom plausível — Só estamos aguardando a entrega do dinheiro. Se não o soltar agora, vai acabar matando a todos.

Verônica proferiu essas palavras consciente de que elas não fariam muito efeito, porque a maioria dos passageiros já sabia que o grupo desejava detonar aquelas ogivas de qualquer maneira, e o policial civil já desconfiava desde o início que eles eram suicidas, e então respondeu:

— Se der mais um passo à frente, eu aperto o gatilho, moça. E não estou brincando!

Proferindo as palavras, foi se aproximando mais do fundo do ônibus, até se encostar nos últimos bancos, a fim de obter maior segurança para si. Não podia vacilar, porque qualquer erro poderia resultar em uma bala cravada em sua cabeça.

Tom Kirsei e Brennt enfureceram-se. Aproximaram-se de Verônica, sem compreender como Gruguer pôde deixar acontecer aquele imprevisto a pouco menos de meia hora para tudo acabar. Não podiam admitir a morte de mais um membro do grupo antes da hora determinada e precisavam reverter aquela situação de qualquer maneira.

Os outros passageiros sentiram-se ainda mais tensos, sem saber o que ia acontecer, percebendo então que aquele era o momento exato para uma ação conjunta. Podiam pular em cima daqueles homens e daquela mulher e dominá-los, mas para isso era preciso muita ousadia e muita coragem. Um dos passageiros gritou para Pacheco:

— Dê logo um tiro nele!

Mas para azar do homem, Brennt virou-se bem na hora em que ele acabou de pronunciar o desabafo e voltou até ele. Com fúria nos olhos e a pistola apontada para a testa dele, vociferou:

— Se ele morrer, todos vão juntos!

Em seguida, aplicou-lhe um chute nas pernas, e afastou-se, deixando o homem gritando de dor. Com os olhos vermelhos de raiva, apontou a pistola para cima e efetuou vários disparos perfurando inúmeras vezes a superfície do ônibus, e em seguida ameaçou:

— Se algum engraçadinho disser ou tentar mais alguma façanha, vou começar a matança. Estão me entendendo, ou terei que repetir?

Não houve resposta. Mas pelas expressões que surgiram nos semblantes de todos, Brennt percebeu que havia conseguido o que queria. Compreendeu que se não tivesse agido daquela forma, certamente poderia ter se desencadeado uma reação em massa da parte dos passageiros. Aquilo que aconteceu com Gruguer estava proporcionando o melhor momento para isso, e decidiu ficar mais atento e mais cauteloso.

Foi nesse momento que Brennt passou por Marcelo da Costa, desejando se aproximar de Kirsei e Verônica, para pôr de uma vez por todas um fim naquele desgraçado, que continuava com Gruguer sob a mira de sua pistola. Porém, ao passar por Marcelo, sentiu o peso de um outro corpo em cima de suas costas e, segundos depois, viu-se no chão, e sem a arma. Kirsei e Verônica observaram toda a cena, estupefatos. Marcelo estava com a arma empunhada sobre a cabeça de Brennt, e gritou:

— Vocês não têm mais chances! Larguem as armas e esses malditos detonadores antes que eu acabe com ele! — havia um notável desespero no tom de sua voz, e Tom Kirsei e Verônica sabiam que ele estava falando sério — Não precisamos morrer, — continuou ele — basta fazer o que eu disse, e todos sairemos vivos dessa, o que acham?

Os policiais que estavam algemados em um dos ferros de apoio, decidiram ajudar:

— Ele tem razão! Larguem essas armas e ainda poderão continuar vivos!

O outro completou:

— Façam isso e verão que ele está certo! Detonar as ogivas não vai resolver nada!

Verônica então gritou:

— *Cadmium*!

Havia chegado o momento, o momento que determinava a hora do fim. Tom Kirsei e Verônica entreolharam-se, e os passageiros ficaram sem saber o que significava aquela palavra, mas de alguma maneira compreenderam que deveria ser alguma espécie código para que um deles usasse o detonador.

Jimmy aumentou a velocidade do expresso. Estava observando a cena pelo retrovisor, podendo em questão de instantes, virar-se e atingir as costas de Marcelo, mas ao invés disso, tirou o detonador do bolso e segurou-o na mão. Não havia dúvidas de que havia chegado a hora de cumprirem a promessa: olhou novamente para o relógio, o ponteiro indicava que faltavam apenas 20 minutos para às 16h, e eles pressentiram que não havia mais tempo.

Pacheco podia, nesse meio tempo, atingir com a mini metralhadora que estava em suas mãos Verônica e Kirsei, mas como eles haviam dito que todos estavam de posse de um detonador, o homem que estava no volante certamente não hesitaria em apertar o botão. Ele precisava matar ou render a todos simultaneamente, o que parecia praticamente impossível, a menos, é claro, que todos os passageiros fizessem o que Marcelo havia feito, mas estava claro que isso não aconteceria. Olhou para eles: todos aparentavam estar nervosos e com muito medo esperando apenas pelo momento final, o de morrer.

Tom Kirsei aproximou-se de Verônica. Gruguer parou de se debater e de tentar escapar dos braços fortes de Pacheco. Brennt mantinha-se calmo, apenas aguardando o momento que ambos esperaram a vida toda para chegar. Jimmy continuou segurando firme o detonador em uma das mãos. Estavam na Avenida Marechal Floriano Peixoto, no trecho entre o Terminal do Boqueirão e o Terminal do Carmo, coincidentemente, na mesma avenida onde Juliana havia sido morta pelos policiais brasileiros, há mais de 40 anos. Jimmy olhou pelo retrovisor e avistou Brennt, em seguida conseguiu ver Verônica e Tom Kirsei, no exato momento em que ambos deram as mãos.

Alguém no ônibus gritou:

— Não façam isso!

O grito soou tarde demais. Ao mesmo tempo que essas palavras ecoaram no interior do expresso, Jimmy olhou fixamente para o detonador, e murmurou:

— Por você, papai.

E apertou o botão.

CAPÍTULO 86

15h48 – a.m.

Não houve dor e não houve gritos.

Os helicópteros quase foram atingidos com o vácuo de ar que se expandiu pelo espaço a fora. O ônibus, expresso biarticulado e modelo de Curitiba, com 22 metros de comprimento, partiu-se em vários pedaços. Uma bola de fogo se fez no local. Era o fim do maior de todos os sequestros já ocorridos na história do Brasil, e também o fim de todos os passageiros.

O presidente brasileiro, assim como milhares de telespectadores no mundo inteiro, assistiu ao vivo a explosão do expresso. Na verdade, ele estava com o telefone na mão para acionar a base de Santa Catarina e autorizar o comandante Shelton a efetuar o disparo do míssil. Deu graças a Deus por não ter completado a ligação.

Na Alemanha, Raquel Strobel Alambert assistiu incrédula à cena que desejava nunca ter acontecido. Elizabete estava em sua casa, e, secando as lágrimas, murmurou para si mesma:

— Adeus, Jimmy.

Em todos os países as pessoas lamentaram e rezaram pelas vidas que ali foram interrompidas. Os cientistas que acompanharam o fato nas dependências da NASA não entenderam o porquê de as ogivas nucleares não terem causado efeito, mas agradeceram a Deus pelas milhares de vidas que inexplicavelmente ali foram salvas.

CAPÍTULO 87

15h55 – a.m.

O agente Maia estava agora observando as labaredas de fogo que dançavam a sua frente, sobre as ferragens do que fora um grande ônibus expresso. Ao seu lado, dezenas de policiais corriam para lá e para cá, como se algo ainda pudesse ser feito. Ambulância e os veículos do corpo de bombeiros aproximaram-se rapidamente do local da explosão, e era quase impossível conversar com alguém; o barulho das sirenes misturado ao barulho do fogo e dos helicópteros, eram muito altos. Um policial aproximou-se de Maia, e comentou com voz alta e sonorizada:

— Parece que finalmente acabou, senhor!

Maia quase não ouviu o comentário do policial. Estava com a mente concentrada nas vidas dos inocentes passageiros que embarcaram naquele sistema de transporte tão somente para irem aos seus respectivos empregos ou em qualquer outro lugar, mas que, por ironia do destino, tiveram seus planos interrompidos. E Maia entendeu que o próximo passo seria isolar a área para as buscas das temíveis ogivas nucleares. Por um momento, a alegria fluiu no coração do agente; lembrou-se de sua esposa, e do tamanho de sua barriga. Olhou para o céu, e a seu modo agradeceu ao seu Deus. Ele havia concluído que só um milagre poderia salvar a cidade. E o milagre havia acontecido.

CAPÍTULO 88

16h – a.m.

A imprensa não conseguiu informações corretas quanto ao motivo das ogivas não terem sido detonadas, e cada emissora de televisão transmitia uma versão explicativa diferente. Umas falavam em milagre, outras em defeito nos detonadores e houve até uma que disse que as ogivas poderiam nem estar no expresso, que era tudo um golpe para amedrontar a cidade e as pessoas. No serviço de inteligência secreta dos Estados Unidos, na CIA, e no FBI, o pessoal comemorou, pois tinham absoluta certeza de que as ogivas estavam dentro daquele ônibus, só não sabiam ainda o motivo de o grupo não ter conseguido detoná-las. No estado de Santa Catarina, dentro da base de comando da Força Aérea Brasileira, o comandante Shelton e o sargento Marlom aliviaram suas tensões com a explosão simultânea do expresso, que aconteceu instantes antes de terem que apertar o botão que lançaria o míssil AK direto no biarticulado. Alegraram-se por a cidade estar salva. Só faltava descobrir graças a quem.

O champanhe acabou e seus olhos tornaram-se frios, irradiando ódio. Havia levado praticamente a metade da vida para realizar aquele objetivo, e mesmo assim, não saiu como havia planejado. Seu filho estava lá, e ele viu a hora em que o rapaz morreu. Ele e seus cinco companheiros.

Agora sim batera o arrependimento, e era um arrependimento que Buber sabia que teria que levar consigo para onde quer que fosse.

Após a explosão do expresso, ele levantou-se e estourou a segunda garrafa de champanhe na parede, sentou-se novamente e ficou pensando, incrédulo, completamente arrependido: não pelas vidas que matou, mas sim porque o plano tão meticulosamente estudado e trabalhado havia falhado.

Cinco minutos depois de estourar a garrafa de champanhe, Buber municiou a pistola alemã, com todo cuidado para que nada mais saísse errado. Pensou no que poderia estar fazendo sua mulher, Raquel Strobel, que àquela altura, já deveria estar ciente de tudo. Pensou também em Elizabete, a mulher de seu filho, que nunca mais voltaria a ver Jimmy. Lembrou-se da Alambert e Cia. O que seria da grande companhia sem ele, sem suas ideias e suas sugestões? Era como se somente agora Buber tomasse noção das grandes coisas que teria que deixar para trás.

Depois, lembrou-se novamente de sua mulher, e mentalmente pediu--lhe desculpas, como se somente isso fosse o suficiente.

Ao posicionar a pistola em sua cabeça, ouviu sirenes de carros da polícia se aproximando lá embaixo. Segundos depois, ouviu sons de gente conversando e passos que pareciam estar subindo rapidamente as escadas, em direção ao terceiro andar, em direção a ele. E então eles estavam atrás da porta, e alguém gritou:

— Vamos arrombar! Ele deve estar aí dentro!

Nesse momento, Buber amaldiçoou Albert Benner e puxou o gatilho.

CAPÍTULO 89

Albert Benner estava em outra dimensão, a milhares de anos-luz distante do nosso mundo, e ainda assim, na cortina de fumaça que o envolvia, uma brecha abriu-se, delicadamente.

Por entre a brecha, ele viu a destruição do biarticulado. Não sentia o peso de seu corpo (não tinha um corpo), mas seu espírito encheu-se de alegria ao ver que a cidade continuava intacta, mesmo após a explosão.

Fora graças a ele. Havia se atrasado 15 minutos no interior da NASA, para desativar a conexão entre as ogivas e os detonadores; sabendo que morreria de qualquer maneira, pensou nos que poderiam não morrer.

Olhou para Ketlem, que estava ao seu lado, e convidou:

— Venha! Vamos encontrar a sua mãe.

E a menina confessou:

— Tenho muito orgulho de você, papai!!!

MELHOR A SABEDORIA
DO QUE AS ARMAS DE GUERRA,
MAS UM SÓ PECADOR
DESTRÓI MUITOS BENS.

(Eclesiastes 9:18)

O SEQUESTRO DO CIRCULAR SUL

HISTÓRICO

Nome Dos Personagens	Nome Dos Agentes Federais
1-º - Geração Sheila Guiold Domenick Sanches Rudolf Rupert Richard Brennt Álamo Buber Fritz Alambert Ion Fritz Alambert	Maia Diogo Eduardo Porto Caio Adam Nícolas Saimom Smit - FBI
2-º - Geração Eduardo Mendes Guiold Jimmy Fritz Alambert Sturt Pikarski Shour Gruguer Shour	Nome dos Policiais Civis e Militares: Michel da Costa - Cabo Alberto - Tenente Odair Pacheco - P. Civil Sheltom - Comandante - B. Secreta Marlom - Sargento - B. Secreta
3-º - Geração Verônica Mendes Guiold dos Santos Brennt Guiold dos Santos	Nome dos Passageiros do Ônibus: Marcelo da costa Rosângela Borges Fabiano dos Santos Francini + Mulher de César Dois P. Militares
Outros : Clara Mendes Ana Mendes Franck Juliana Raquel Strobel Aírton Félix Tony Carssom Alex Júnior Cristal Pequeno Dona Marta Denise Anita Dona Cícera Geraldo Padilha Ilze Picarski Shour Raquel Strobel Helena Eisler Elizabete Rofimam Tom Kirsei Albert Benner Ketlem Benner Dalva - Lanchonete	Outros : Sônia - Mulher de Maia Aírton - Motorista Daiana - Mulher de M. da Costa
	Autoridades: Baltazar Henrique - Governador de Ctba.
	Acessores Presidenciais: Dionisio - Róbsom - Cleitom - Marcos Antônio - Martins -
	Total: 61

**LINHA
CIRCULAR SUL**

O SEQUESTRO DO CIRCULAR SUL

Fonte: https://moovitapp.com/index/pt-br/transporte_p%C3%BAblico-line-502_CIRCULAR_SUL_HOR%C3%81RIO-Curitiba-942-9628-294482-0

O terrorismo não compensa
A vingança é infrutífera
Quando se quer alguma coisa, realmente se consegue.

OUTRAS OBRAS DO AUTOR

O Plano Quatro
O Banco dos Réus
O Juiz
O Outro Ser
Izaque Stelve
O Portal das Dimensões
Os Sete Anjos
O Reflexo do Guerreiro
A cor do nada
A Garça Negra
Decápolis
A janela de um olhar
Point poemas
Os Doze Contos